重庆广益中学

轻松发明

微课

罗凡华　章显林　周星　著

微课　方法　思维　模式

qingsong faming
weike

知识产权出版社
全国百佳图书出版单位

图书在版编目（CIP）数据

重庆广益中学轻松发明微课 / 罗凡华，章显林，周星著. —北京：知识产权出版社，2016.11

（全国中小学知识产权教育丛书）

ISBN 978-7-5130-4570-4

Ⅰ.①重… Ⅱ.①罗… ②章… ③周… Ⅲ.①知识产权—中国—青少年读物②创造发明—青少年读物 Ⅳ.①D923.4-49②G305-49

中国版本图书馆CIP数据核字(2016)第269442号

内容提要

本书是作者对"轻松发明"理论研究与教学实践的结晶，是经过全国大量样本实验后的研究成果。本书既是重庆广益中学开展知识产权教育的校本课程，也可作为全国中小学发明创造课教学参考用书，还可作为知识产权教育竞赛活动参考手册。

责任编辑：段红梅　　　　责任校对：谷　洋

执行编辑：高　鹏　　　　责任出版：刘译文

全国中小学知识产权教育丛书 ①

重庆广益中学轻松发明微课

Chongqing Guangyi Zhongxue Qingsong Faming Weike

罗凡华　章显林　周星　著

出版发行：知识产权出版社 有限责任公司	网　　址：http://www.ipph.cn
社　　址：北京市海淀区西外太平庄55号	邮　　编：100081
责编电话：010-82000860转8119	责编邮箱：duanhongmei@cnipr.com
发行电话：010-82000860转8101/8102	发行传真：010-82000893/82005070/82000270
印　　刷：北京建宏印刷有限公司	经　　销：各大网上书店、新华书店及相关专业书店
开　　本：787mm×1092mm 1/16	印　　张：9.75
版　　次：2016年11月第1版	印　　次：2019年7月第2次印刷
字　　数：158千字	定　　价：38.00元

ISBN 978-7-5130-4570-4

全国中小学知识产权教育丛书编委会

丛书主编：

  罗凡华：教育部主管中国智慧工程研究会副秘书长、北京钟南山创新公益基金会秘书长、国家知识产权战略专家组成员、《轻松发明》系列教材主编

丛书副主编：

  刘春田：中国人民大学教授、国家知识产权战略专家组成员

  张 平：北京大学教授、国家知识产权战略专家组成员

  孙国瑞：北京航空航天大学教授、国家知识产权战略专家组成员

  徐 瑄：暨南大学教授、国家知识产权战略专家组成员

  王思悦：山东大学教授

  高云峰：清华大学教授

  张景焕：山东师范大学教授

  安永军：北京钟南山创新公益基金会执行理事长、全国青少年冰心文学大赛组委会秘书长

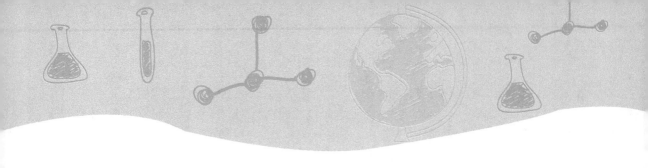

本书编委会

顾问：

罗凡华：北京钟南山创新公益基金会秘书长

主任：

章显林：重庆市广益中学校校长

副主任：

周　星：重庆市广益中学校副校长

委员：

何天权：重庆市广益中学校教科室主任

杜　洁：重庆市广益中学校教师

廖义员：重庆市广益中学校教师

何文晶：重庆市广益中学校教师

骆　颖：重庆市广益中学校教师

黄祖清：重庆市广益中学校教师

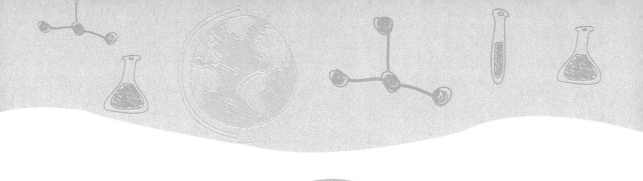

作者介绍

罗凡华：男，1963年2月出生，"轻松发明"创始人，现任教育部主管中国智慧工程研究会副秘书长、北京钟南山创新公益基金会秘书长、德国纽伦堡国际发明展评委、《国家知识产权战略》专家组成员、教育部"创造力研究"课题组组长、教育部"教师在线教育"课题组组长、《轻松发明》系列教材主编。

创作并出版著作26部，代表著作为《轻松发明》系列教材，曾受国家知识产权局、中国发明协会、中央教科所、各地知识产权局、发明协会、教科所、教育厅、科协、教育局、中小学校、大学、校外教育机构以及香港教育统筹局、香港各大办学团体、香港国际交流中心、德国慕尼黑大学天才教育中心、美国哈佛大学、麻省理工学院等机构邀请，到多个地方作大型报告，讲授轻松发明示范课，培训发明课教师，指导发明创新教育特色学校和知识产权试点学校课程建设，辅导学生获得多项国家专利。

章显林：重庆市广益中学校校长，从事教育工作二十多年，地理学科教学专家。长期致力于广益中学的新课程改革，从校本课程着手，重视对学生开展科普活动，让学生有更多机会观察到丰富多彩的自然现象并亲自动于做实验。重视学生的创新及知识产权教育，为培养学生内在的创新能力作出了积极贡献。

周星：重庆市广益中学校副校长，重视教学实验课和实验研究与实践，善于在课堂教学中注重引发学生的好奇心和兴趣，积极倡导轻松发明从身边的小事做起，在学校里营造出浓厚的科技发明氛围，促进学生创新素质的提升，为国家培养具有创新能力的人才作出了贡献。

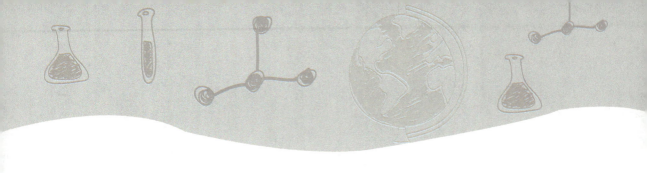

重庆市广益中学校章显林校长

寄语

    我认识许多学生，他们中不少人的学习成绩都很好，但在毕业后独立工作时，要么一遇困难就束手无策，要么人云亦云，总是打不开新局面。

    为什么在校时的好学生毕业后会这样呢？

    从事了二十多年的教育工作使我认识到，我们现行的课程设计更多的是重视学生的知识积累和培养他们进行分析和推理的能力，而忽视了培养学生内在的创新能力。这促使我们广益中学在新课程改革的征途中，从校本课程着手，重视在学生中开展科普活动，让学生有更多机会观察到丰富多彩的自然现象并亲自动手做实验。重视教学实验课和实验设施的更新匹配，在课堂教学中注重引发学生的好奇心和兴趣；倡导轻松发明从身边的小事做起，在学校里营造出浓厚的科技发明氛围，促进学生创新素质的不断提高，努力培养具有高度创新意识和能力的人才。

前言

　　《重庆广益中学轻松发明微课》是一部关于发明创造的课本。在互联网教育日益盛行的时代，发明创造更要与时俱进。微时代需要微课，我们将浩瀚的知识产权及发明创造的"海洋"，转化成一个个微小的课程，让同学们轻松获得发明的方法，掌握发明的规律，探索发明实例给我们的启迪，一天进步一点点，日积月累就可以不断超越，成为一个创新人才。

　　发明的过程就是将创意变成现实的过程，创意、创造、创新之间的关系如何？

　　创意是一个思考的过程，需要创新的思维模式，本书提出了发明家的思维模式，在训练中可以提升青少年的创新思维水平。

　　创造是一个设计行为，需要考虑设计的结果，需要研究、实践。本书提出发明家行为模式，鼓励青少年养成科学家一样的行为模式。

　　创新是一种成果的呈现，需要得到社会的认可和法律的保护，申请国家专利是一种最好的方式。本书给出了大量的申请专利的实例，有助于青少年掌握申请国家专利的核心技能。

　　创意是源泉，创造是过程，创新是成果，本书就是从创意、创造、创新三个阶段来培养青少年的创新能力和创新思维。

　　2008年6月5日，国务院出台了《国家知识产权战略纲要》，要求"制定并实施全国中小学知识产权普及教育计划，将知识产权内容纳入中小学教育课程体系。"为了步入世界创新型国家的行列，培养适应国际化竞争的创新型人才，一项以普及知识产权教育、实施国家知识产权战略、培养创新型人才为宗旨的大型活动——中国青少年创造力大赛暨知识产权宣传教育活动已经覆盖了

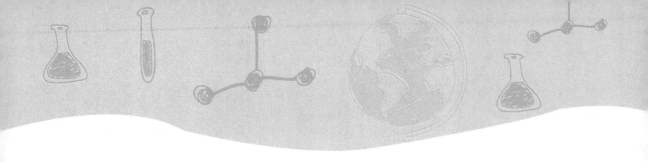

全国多个省市自治区。"中国青少年创造力大赛暨知识产权宣传教育活动"自2005年开始至今已连续举办了12届，促进10万名以上的青少年获得创新成果与国家专利。

微课培养并提升了青少年的创造力，活动促进了知识产权教育的发展，扩大了知识产权教育的影响力。本书同时详细介绍了创造力大赛等知识产权活动情况。

我们一直在努力，倡导创意、创造、创新相结合，三者的结合才是一个完整的创新旅程。在创新旅程中我们力图引导和帮助同学们一次次获得成功，从而激发同学们对发明产生更多的兴趣，获得更多前行的动力和自信。

我们倡导同学们今天就立志成为创新型人才，从今天开始创新、创造和创意！

目 录

第一篇 轻松发明微课

第二篇 知识产权教育活动

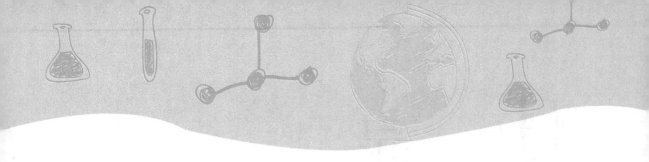

第三篇　校本课程教育资源

附　录

第一篇

轻松发明微课

第一章
反面探究创造法

第一节　轻松发明方法

一、发明的故事

1927年，德国乌发电影公司开始摄制一部描述太空旅行的科学幻想故事片《月球少女》。在拍摄火箭发射的镜头时，为了加强影片的戏剧效果，导演弗里兹·朗格想出一个点子，将顺数计时发射程序"1、2、3、发射"改为"3、2、1、发射"，这一颠倒的发射程序竟引起了火箭专家的莫大兴趣。经研究，专家们一致认为这种倒数计时发射程序十分科学。它简单明了、清楚准确、突出地表现了火箭发射的准备时间逐渐减少，使人们的思想高度集中，产生准备时间即将完毕、发射就要开始的紧迫感。从此以后，火箭或导弹的发射、核装置的起爆等都采用了倒数计时程序。弗里兹·朗格敢于逆向改变相沿成习的事物，创造出倒数计时程序，不光使一部影片增添了几分色彩，而且为科学技术的进步做出了宝贵的贡献。顺数计时程序和倒数计时程序差别仅仅在于前后次序相反，但却产生了不同的效果。

颠倒并不是稀罕事，在我们的身边也时常出现颠倒的事。比如，缝反了纽扣、安反了门锁、拧反了开关、接反了线路、倒置了箱子、装反了电池、放反了影片、穿反了衣服等，不过，这些颠倒大都没有意义甚至有害，所以人们尽量避免这种颠倒。

然而，颠倒作为一种思维方法，在现实生活和科学研究中有着不可低估的作用。许多难题是从反面突破的，许多发明也是通过颠倒已有的事物或者从已有事物的反面实现其创造目标的。例如吊扇，一支吊杆在上，扇在下。若它颠倒过来，就变吊杆在下，扇在上的落地"吊扇"。反置"吊扇"具有新特点：安装省事，利于维护，移动方便还可与桌椅组合。夏天，在有空调的房间里，可使冷风对流通畅；冬天，可使房间顶部的热空气和靠近地面的冷空气对流，节约电暖设备的电费支出。"吊杆"高度能随时调整。一种新产品——落地"吊扇"，就在这颠倒设想的摇篮里脱颖而出。

二、关于"相反事情"的讨论

请每个同学说一个"相反的事情""相反的现象""事物的反面""物品的反面"。

请写出一个：_____

三、反面探究创造法的原理

任何事物都有其相反的方面。研究与其相反的原理、相反的方法、相反的公式、相反的结构、相反的过程、相反的现象、相反的工艺、相反的心理等具有创造性的意义。新事物也许就是与之相反的事物。爱迪生从"声音引起振动"颠倒思索"振动还原为声音"的创造，于是产生了发明留声机的设想；赫柏布斯把吹尘器的原理反过来，设计新的除尘装置，结果发明了吸尘器。同一事物在相反的条件下，或者相反的同一事物，会出现不同的现象或者产生不同的效果。把那些"原来一直如此"的事物颠倒过来思考的目的，是认识事物的相反方面，揭示不同的现象、获取不同的效果，从中发现新的原理、新的方法、新的工艺、新的结构，创造新的事物。这就是创造学中的逆向思考法，也叫反思法、倒转思考法或反面探究创造法。

逆向思考不能仅仅着眼于事物的某一方面，必须对事物各个方面和各个组成部分进行种种反思，尤其要反思那些人们不以为然的事物，从一成不变的地方和不易被人想到的地方进行逆向探索，创造性的火花往往出人意料地在这里闪现。

例如，那种里外能穿的羽绒服、翻过来也能戴的帽子，就是在衣服和帽子上的一种逆向设计。其创造性的优点是一件衣服两种款式，一顶帽子两个样式。衣服、帽子容易颠倒设想和设计，那么，浆糊、拖鞋、算盘、手表能不能翻过来或者反过来使用呢？翻过来或者反过来使用时，有没有创造性和优越性呢？瓶中浆糊快到用完时，瓶底总有一些浆糊不好挤出，丢掉了又可惜。逆向使用就是要从瓶底挤出浆糊，于是，发明设计了两端开口的浆糊瓶。这种两端能分别打开的瓶子，还是盛装果酱和芝麻酱之类的理想容器，其优点不言而喻。对于拖鞋，只需把拖鞋上的挂带由固定的做成活动的，就成了不分前后的拖鞋。它的创造性和优越性是两边都能穿。算盘和手表，或许现在就在你的身旁和手腕上，但你却想不到把它们也视作颠倒思考的对象，进行创造性的设想。结果，算盘颠倒用、手表可以两面翻着戴。这一点事先确实难以想象。事物在人们头脑中的形象越深刻，越持久，越固定，越不容易颠倒过来思考，而决不是不能颠倒过来思考。只有经过颠倒思考，才能看到某一事物颠倒过来的意义和价值，也才能在颠倒的事物中找发明创造的新课题，找到排忧解难的好办法。

里外能穿的羽绒服、翻过来也能戴的帽子、不分前后的拖鞋、上下有口的瓶罐、倒过来也能用的算盘、两面都能戴的手表，还只是就这些物品的使用进行颠倒设计的创造成果。如果从它们的各个方面都展开逆向思考，将会有更多更好的收获。温度计、保温杯、倒退行走的钟、倒过来飞行的飞机、探地火箭、倒立式显微镜等，这些流光溢彩的发明也都是逆向运用已有知识和已有技术创造的结晶。

四、反面探究创造法应用的要领

1. 设法颠倒已有的事物或从已有物品的反面进行研究，实现创造目的。

2. 把"原来一直如此"的事物颠倒过来思考，可以认识事物的相反方面，揭示不同的现象、获取不同的效果，从中发现新的原理、新的方法、新的工艺、新的结构，创造新的事物。

3. 有许多事物的反面已被开发，例如，顺计数与倒计数，你可以想一想已经开发的是否很完美，有没有缺陷，能否再改进。你也可以再考虑另外的一个事物的反面。

4. 数学表达式为：$A^{(-1)}=C$。A表示一种事物，（-1）表示颠倒已有的事物或从已有事物的反面实现其创造目的。C表示新一种事物。

第二节　轻松发明创新思想

一、思维训练

　　一位偏执的老国王想把王位传给他的两个儿子之一。他决定进行一场赛马，慢者将成为国王。这两个儿子都怕对方要什么花招让自己的马跑得快，所以都去向一位智者求教。这位智者只用了两个词就告诉了他们如何保证比赛公平地进行。这两个词是什么？

　　把问题逆向看看是开阔思路的一种很有用的技巧。下面是应用这一技巧的一个实例。避孕丸的发明者之一迪亚拉西20世纪50年代曾是一家杀虫剂公司的老板。他自然很注意某些害虫对社会健康和经济的不良影响。像许多科学家一样，他也很关心众多的杀虫剂对环境的破坏作用。他问自己："我怎样才能消灭害虫而不危害环境呢？"琢磨来琢磨去，他最后决定把着眼点放在"生育"上而不是放在死亡上。"假如我们不是去杀死害虫，而是在一开始就不让它们出生会怎么样呢？如果给它们用一些特制的激素来防止这些害虫的性器官发育成熟，它们也就不会繁殖后代了。"这即是他所使用的办法，效果甚佳。

　　假如你是教师，你不妨这样思想："我怎么能够不把工作效率做得那么高？"这意味着学生必须对自己的学习负起更多的责任，这很可能会促进自学和自我规划能力的提高。

　　假如你正在设计一种太阳能电池。提出要把电池的效率提高30%，会把你的思维引向一个方向，而提出把无用效率减少70%则可使你的思路活跃在更多的方向上。同样，在阐述医疗目标方面，着眼点从治疗向预防的转移改变了整个医学领域。

　　提示：从反方向看看，你会看到通常正向所看不到的东西。这会大大地帮助你把思维从根深蒂固的框框中解脱出来。不妨试试看，写三段文章，描述你最近形成的一个观念。办法是这样：如果你是男子，就站在女士的立场上来写；假如你是女士，就从男子的角度来写。至少你要创造出一些令人感兴趣的内容。

我们应该大胆地把世界上的事物去翻个面。把已有原理颠倒，把已有方法反过来试一试，把已有公式反着推理一下，把已有的结构颠倒，把已有的过程逆向运行。

请你列举你知道的一个事物的原理，一种方法，一个公式，一种结构，一个过程，一种现象，一套工艺，并加以详细说明，再运用颠倒的思想和反面突破的方法试验一下，看会有什么新奇的事物产生。

请填写下表：

研究对象	内容说明	相反的内容	新奇事物
一种现象			
一种方法			
一个公式			
一种结构			
一个过程			
一种工艺			

二、发明家的思维模式

很多人同看一个物品，发明家应该看到物品的相反面、里面、侧面、底面，并研究相反面，利用相反面，设法产生发明构想，完成发明方案。

三、发明家的行为模式

发明家应该像警察一样调查研究对象，广泛而深入。学会调查是学会研究的基础，调查要广泛才能说明问题，调查要深入才能发现问题。有一个同学调查全班同学是否带零花钱，调查了4个同学，有3个同学带了零花钱，即在调查报告中称，有75％的同学带了零花钱。你信服这个调查研究结果吗？ 有同学调查选择购买书包原因时，还附加了家庭收入、个人爱好、父母爱好、上学路程、身高体重等相关参数，有助于分析数据时全面准确。

第二章
移植应用创造法

第一节 轻松发明方法

一、发明的故事

　　书真的变成水果了吗？没有。那书籍当水果到底是怎么回事呢？让我们从头说起吧。

　　事情发生在加拿大卡尔加里市的一所大学里。有一次，学校图书馆的自来水设备出现故障，水溢得满地都是，致使许多珍贵的图书沉浸在积水中。事故发生之后，如何挽救被水泡湿的书籍，成了大家的议题。若采取一般的干燥方法，就等于毁掉这些珍品。除此之外，难道再没有别的办法了吗？大家都在思考着。其中有一位曾经从事过罐头生产的图书管理员是这样想的：在制造罐头时，为排除水果中多余的水分，采用低温存放和真空干燥的手段。假如把这些湿透的图书当成"水果"，能不能在同样的条件下，既散发出湿书中的水分，又使图书完整无损？大家按照这个主意，先将湿书放进冰箱中冷冻，然后放入真空干燥箱中。经过五个昼夜，奇迹出现了，湿淋淋的书籍散尽了水分，这批珍贵的图书终于恢复了原貌。

　　由湿书想到水果，又由果品中水分的散发想到有待解决的问题。根据二者之间相似的关系，借鉴水果的低温存放和真空干燥来处理湿书，结果创造出一种干燥湿书的好方法。这一创造过程不仅来自加工水果的启发，而且直接采用了加工水果的条件或方法。像这种把某一事物的原理、特性、方法、现象、结构等用在另一事物上做出发明创造，我们把它叫做移植应用创造法。

中国古代造纸技术的发明中就已经运用了移植创造的思想方法。这就是不改变加工技术，只改变加工对象，将加工丝改成加工植物纤维，丝加工技术就成了最初的造纸技术。所以说，发明造纸技术的过程就是丝加工技术转移的过程。

二、关于"移植现象"的讨论

请每个同学说一个"生物的移植现象""物品的移植现象""食品的移植现象""生活的移植现象"。

请写出一个移植现象：＿＿＿＿＿＿＿＿＿＿＿＿＿＿＿＿＿＿＿＿＿＿＿

三、移植应用创造法的原理

纵观人类的发明成果，处处体现着移植创造的思想。例如，面包在烤制前掺好发泡剂，做出的面包才会发泡松软，那么，在橡胶制品上可否应用这一方法呢？在橡胶中也掺入发泡剂，果然发明了一种新产品——橡胶海绵。将合成树脂发泡的方法移植到肥皂、冰淇淋、混凝土、砖瓦、玻璃和铝板的制造中，实现了许多优秀的发明创造。诸如，能浮在水面上的肥皂，一举成名的雪糕冰淇淋，轻而坚固、绝热隔声的气泡混凝土和轻体砖瓦，还有气泡玻璃和泡沫铝等。为什么通过合理的移植能做出许多的发明创造呢？因为某一事物的原理、特性、方法、现象、结构等，可能在另外的事物上具有同样的意义，甚至具有更加重要的创造性意义。人们一旦认识到这一点，只要设法将某一事物的原理、特性、方法、现象、结构等移植过来，就能取得发明创造。我们不妨回顾一下耐克牌运动鞋的发迹史，看看威廉·德尔曼发明这一风行世界的运动鞋的创造性思路。

1972年的一天，美国俄勒岗州立大学体育教授威廉·德尔曼正在家里做饭。突然，他发现用传统的带有一排排小方块凹凸铁板压出来的饼不但好吃，而且很有弹性。饼的这个特性立刻引起德尔曼教授的联想：如果能仿照做饼的方法，把烤过的橡胶放上去压，然后钉在鞋子下面，结果会怎样呢？德尔曼教授很快就进行了试验。当他把压出来的橡胶钉到他太太的鞋底上时，太太走起路来感到非常舒服。接着，德尔曼教授把这个新设计运用到运动鞋的改造上。不久，一种很有弹性且防潮的运动鞋宣告诞生，这就是耐克牌运动鞋。耐克公司以这种鞋为"拳头产品"销往世界各地，财源滚滚流向耐克公司。经过数十年的发展，耐克公司成为美国最大的运动鞋制造商。竟产生了这么了不起的效益，确实令人羡慕。

因此，在某个领域或行业人们不以为然或认为是微不足道的事物，有时移植到另一个领域或行业将会成为崭新的事物。以火车和绞肉机为例，美国军方移植列车的结构设计出机动性很强的核弹头导弹运载发射车，俄罗斯移植普通绞肉机的工作原理发明了制造长度无限的制品的有效方法。

四、移植创造法的应用要领

1. 设想把某一事物的原理、特性、方法、现象、结构等用在另一事物上产生发明创造。

2. 某一事物的原理、特性、方法、现象、结构等在另一事物上的应用可以产生新的意义。所以，你应对某一事物的原理、特性、方法、现象、结构等感兴趣，了解它，掌握它，然后大胆地把它应用到另外的事物中去。如果不可行，你可以再找一个事物去试一试，直到产生一个具有新的意义的事物，就产生了发明。

3. 把某一物品上的局部功能和部分应用到另一物品上，也可以产生发明构想，例如将汽车上的自动门应用到冰箱门上，即可发明自动开门的冰箱。

4. 数学表达式为：$A(b+d)=Ab+Ad=C$。A表示一种事物，（b+d）表示一种事物，Ab+Ad表示把A事物的原理、特性、方法、现象、结构等，用在（b+d）事物上产生发明创造，C表示新的事物。

第二节　轻松发明创新思想

一、思维训练

假设你是一家制造公司的销售经理。公司总裁打电话给你，说公司的库存系统不知怎么搞乱了，还有价值100万元公司并不需要的滚珠存在库里，又不能退给供货商。你的任务是想想如何使用这些滚珠，一个个用或组合起来用都行。你的设想是什么？花一分钟时间考虑一下，然后把你想到的都列出来。

下面是一些可能性：

用来作水平仪；

用来作放置在公共场所的"豆粒袋座椅"（状似大枕头，内盛硬质泡沫塑料小袋，人坐上后摇晃几下，就会成为与人体坐姿相吻合的形状）。因为很重，所以不易被偷走。

用来作为机器人吃的鱼子酱（当你家的机器人有客人来访时）；

用来制作铁沙袋，供运动员作负重训练；

拴在不平整的帘子底边上作帘坠；

用在新潮青年的摇滚乐音乐会上，作为抛撒五彩纸屑；

用来做首饰，如耳环、手镯和项链；

用来摸彩，放在坛子里，看谁能猜中里面放了多少。

关键的问题是，一个设想或一种东西的意义和用途取决于怎样来描述它、看待它。例如，不把滚珠看成是一种用来减少摩擦的物体，而将其描述成一种"有光泽的漂亮的小东西"，便会使你产生用它来作为各种各样的首饰珠宝和艺术品的联想。而强调它的质量特征又使我们得到应用其"重量"的设想，如用作帘坠子和船的压载物。

改变描述方式是开发你所拥有资源的重要方法。例如，你现在手里拿着的笔，从一个角度看，它是一件书写工具，若从其他角度来描述，它是一件武器、一根教鞭或一只门销。

只要着重强调一样东西的不同组成部分，并允许自由地改变描述方式，人们就会产生新的联想。

练习：下面是一个罗马数字7，加上一笔，把它变成8。

Ⅶ

这很容易，你所要作的不过是在右边加上一条竖线，就造出一个"8"——Ⅷ。你还想要看一些更富于挑战性的问题吗？

下面是另一个罗马数字9，加上一笔把它变成6。

Ⅸ

有些人在中间画上一条横线，再把它倒过来，然后遮住下半部，这就构成了数字Ⅵ。更富于艺术性的一个解决办法是在前面加上一个S，于是Ⅸ就变成了6——SIX。我们所做的只是把Ⅸ从罗马数字这样一种描述关系中拿出来，放到英文拼写的数词这一描述情景中去。妨碍一些人去这样思考问题的主要原因是由于所给出的三个例子都是罗马数字——Ⅶ、Ⅷ和Ⅸ，他们的思维都禁锢在罗马数字的框框中去了。

给你的提示之一是：去寻找第二个正确答案。你能想出一种办法将Ⅸ加上一笔，使它成为6吗？

Ⅸ

这一办法可以是在Ⅸ后面加上6，这样就得到1X6，即1乘6，此时X不再是罗马数字，或者是英文安母X，而是代表乘号。人人都有很多知识，思考它们时把描述方式转变一下，这样你就会发现新的设想。

设想把某一事物的原理、特性、方法、现象、结构等，用在另一事物上产生发明创造。你对某一感兴趣的事物，了解它，掌握它。然后大胆地把它应用到另外的事物中去，如果不可行，你可以再找一个事物去试一试，直到产生一个具有新的意义的事物，就产生了发明。

请填下表：

研究对象	内容说明	应用到另一事物的效果	新奇发明名称
一个原理			
一种特征			
一种方法			
一个局部			

二、发明家的思维模式

很多人同看一个物品，发明家应该想到把某一物品上的局部功能和部分应用到另一物品上，也应该想到将其他物品上的局部功能和部分应用到这个物品上，发明家的思维就是与众不同，并善于研究相结合的方式，结合后的新作用，完善发明构想，完成发明方案。

三、发明家的行为模式

发明家应该像哲学家一样讨论所研究的问题，高谈阔论中找出规律，抓住要点。讨论是发明家的法宝，要学会应用。无边无际的讨论也可以产生创新的发明构想，只要知道自己是发明家，讨论中就会抓住要点，把握重点，讨论的一时离题千里也没有关系，最终还会回到发明和研究主体上来。大胆讨论是发明家的行为模式，要培养爱讨论、会讨论的良好习惯，必将终生受益。

第三章
音乐利用创造法

第一节 轻松发明方法

一、发明的故事

优美的乐曲不但能使人解除疲劳、消除烦恼、振奋精神，给人以美的享受，更重要的是它能陶冶人的情操、美化人的心灵，给人以进取的力量和创造的智慧，激励人们以更加饱满的热情投入美好的生活之中。那么，歌声乐曲同发明创造有什么关系呢？音乐分声乐和器乐。声乐是用人的声音结合语词作为表现手段，这就是歌唱艺术；器乐则是由物质发出的音响构成的，唢呐、锣鼓、电子琴属于技术创造。技术创造的成果就是发明与革新。各种乐器的发明与革新推动着音乐艺术的繁荣与进步。

提到歌声乐曲，大家自然会想到歌坛名星，想到现代乐器，也会想到舞厅、想到电唱机，在没有舞厅、电唱机的年代，能从音乐想到舞厅，想到唱机，是难能可贵的创造性思想。我们今天能够在华丽的舞厅尽情欢乐，能够随时收听微型MP3音乐播放器播出的流行歌曲，都归功于昨天的创造。今天的事物是昨天创造的，明天的事物也应该在今天创造，没有今天的创造就没有更加美好的明天。围绕歌声乐曲，创造什么新事物呢？

大家一定会说："创造新的乐器、创造新的音响设备、创造新的音乐活动。"这当然没错。但是，你能不能想到远一点，想得广一些，从其他事物上找到创造的开端呢？比如，你能从音乐想到皮球，孕育出音乐皮球的创造性思想吗？你能从音乐想到养鸡，从音乐想到万千事物，在创造性思想的过程中设计出带有音乐功能的新事物，这就是发明创造中的音乐化构思设计。

创造性的事物是史无前例的，但是，史无前例的事物不都是彻头彻尾的新事物。已有的事物只要增加新的功能，就会以新事物的面貌出现。在普普通通的皮球内装上集成电路、冲击反应传感元件、小型扬声器和电池，就发明了音乐皮球，皮球上设有两个孔眼，一个充气孔，一个充电孔。只要一拍球，球便在蹦蹦跳跳中奏出一首又一首美妙的旋律。现代生物学家研究发现，音乐可以影响动物的生活及行为的变化。例如，乳牛听音乐能增加产奶量；军马因常听雄壮的进行曲而格外有精神；怀孕母猪每天听音乐，就会在白天分娩。那么，母鸡听音乐会怎么样呢？实验证实，在鸡场里天天播放音乐，可以提高产蛋率，甚至到了夏天母鸡也照常下蛋。于是，又创造了音乐养鸡法。在各种各样的事物上尝试着加上音乐，这就是音乐化构思设计的创造性宗旨。

二、关于"音乐有哪些作用"的讨论

请每个同学说一个"音乐的作用"。

请写出一个"音乐的作用"：_____

三、音乐利用创造法的原理

音乐化构思设计的对象分两大类：一类是音乐化产品，另一类是音乐化方法。下面罗列了一些音乐化的产品和音乐化的方法，启迪大家进行新的发明创造。

音乐化的产品有音乐茶杯、音乐伞、音乐热水瓶、音乐门铃、音乐摇篮、音乐圆珠笔、音乐黑板、音乐蛋粒、音乐枕头、音乐手杖、音乐鞋、音乐雕塑、音乐轮胎、音乐积木、音乐照相机、音乐锁、音乐缝纫机、音乐楼梯、音乐纽扣、音乐储蓄罐、音乐蜡烛、音乐围巾、音乐建筑物、音乐电话（以音乐声代替铃声）、音乐酒具、音乐床、音乐牙刷、音乐贺年片、音乐书、音乐手套、音乐花盆、音乐台灯、音乐钟表、音乐健身球、音乐旅行镜、音乐理发梳、音乐邮票等。

音乐化的方法有音乐医疗法、音乐胎教、电话音乐（电话系统专门设有音乐号码、假设号码是123456，那么，你只要拨这个号码，随时都可从电话中欣赏新歌名曲，当有人跟您通话时，歌声乐曲自然停止）、音乐养殖法、音乐除虫法、音乐教学法、音乐思考法、音乐驱鼠法、音乐侦察法、音乐游戏、音乐捕鱼法等。

以各种事物做载体，提供悦耳动听的歌声乐曲，使人心情舒畅。

例如，以手套做音乐的载体，在手套的手背部夹层中设置两个超薄型印刷电路板，其中包括发音片、水银电池、振荡集成电路等，手套各手指部均设有矽胶或塑胶碳膜开关。戴上这种手套，用手指按压实物就会发出乐声，而且具有不同音阶，可随时在物体上敲奏出各种旋律。

通过音乐代替某种信号或配合别的信号，传递某种信息或特定的指令。

例如，钟表报时、广告宣传、压力升降、传递暗语、接近临界线、超过额定负荷等，都可利用某种特定音乐声告诉人们。像美国的可口可乐广告瓶，你一打开瓶盖，瓶中就传出阵阵悠扬动听的音乐，可口可乐的形象使你难以忘怀。

例如，许多国家在20世纪50年代就开始应用音乐治病，如今，音乐疗法配合电疗、氧气疗法、针刺疗法等，可医治神经官能症、心律失常、急性腰扭伤、落枕、坐骨神经痛等疾病，甚至以音乐代替麻醉剂。专家们研究发现，在幼儿期就开始听音乐的孩子，其容貌或神态会出现明显变化，也就是说，音乐可以改变孩子的容貌。

借助音乐调节人的心理，以达到预期目的。

例如，商店播放慢节奏的音乐，能使顾客消除紧张，心情愉快，放慢脚步细心选购商品，从而使营业额提高。餐厅饭馆播放快节奏音乐，能使顾客不知不觉地加快用餐，从而增大客流量和营业额。战场上，交战双方大放对方国家的"思乡曲"，可以瓦解对方的战斗意志。中国古代就把乐曲当作攻心战术使用，"四面楚歌"这一成语典故就是一个范例。

将噪声改变成音乐。

例如，使机器发出的杂乱刺耳的噪声变成易于被人们接受的乐音，使一串鞭炮爆响成为一曲音乐等。

"尺有所短，寸有所长"，任何事物皆是这样。不是所有的事物都应该音乐化。其中需要音乐化的事物也不一定都能实现音乐化。如果一切事物都应该音乐化，也都能实现音乐化，那么，音乐化构思设计也就失去了创造性。正因为有的事物应该音乐化，有的事物没必要音乐化；在应该音乐化的事物中，有的能够实现音乐化，有的难以实现音乐化，有的不能实现音乐化；在需要而且能够实现音乐化的事实中，还应考虑什么音乐效果好，所以音乐化构思设计才成了一种创造的方法。

　　例如，科学家在进行"植物对音乐反应"的试验中发现，南瓜偏爱箫声，番茄喜欢浪漫的音乐，橡皮树爱听风琴奏的音乐，葡萄则对超声波特别敏感。对尖刺的音乐，多数植物有反应，特别强时，还可导致植物枯萎和死亡。不同的植物喜欢不同的音乐。植物只有听到它喜欢的音乐才能增加产量或改善果实的品质。印度曾对水稻播放一种叫"拉加"的乐曲，结果，水稻增产25％~60％。

　　音乐启迪着人们去创造，创造开辟着音乐的新天地。创造离不开选择，选择目标、选择原理、选择结构、选择数据、选择材料、选择方案、选择结果，在反复的选择中寻求正确的创造方向，找出科学的创造依据，设计出可行的创造方案，让音乐在更多的事物中发挥出独特的作用。

四、音乐创造法的应用要领

　　1. 设法把乐器、音响、音乐与其他事物相联系，例如：从音乐想到养鸡、从音乐想到皮球、从音乐想到10个、50个事物。试一试，看能不能产生带音乐功能的新事物。

　　2. 音乐创造法分两大类，一是音乐化的产品，二是音乐化的方法。就是设法以各种事物做载体，把它们音乐化。如果音乐化的结果产生了新事物，就产生了发明。

　　3. 由于语音电路的迅猛发展，MP3为代表音乐和语音播放器，即将取代以磁带为代表的音乐和语音记录方式，语音芯片得到广泛应用，所以，音乐利用创造法扩展到语音范围很有必要。也可以将一些物品进行语音化，赋予一些语音的功能。

　　4. 数学表达式为：（1、2、3、4、5、6、7……）× A=C。1、2、3、4、5、6、7……表示各种音乐，A表示一种事物，C表示新的事物。

第二节 轻松发明创新思想

一、思维训练

几年前《华尔街》杂志上出现了下面这样一则广告：

紧张综合征。

有件事情正发生在办公室里、工厂里、饭馆里、医院里、银行里和超级市场中。

这就是紧张，它在一定程度上是由各种各样的噪声所造成的，从打字到谈话。

研究表明，紧张使人衰弱和妨碍能力的发挥，使我们脆弱。

你可以想办法对付这一紧张综合征。

这个广告接下去告诉人们怎样才能解决这一问题。你能猜出他们推销的产品是什么吗？

许多设想需要其他人的时间、资源和献身的投资。你应该这样想："我的设想中有什么地方能吸引人们的兴趣？什么地方能使该设想有销路？"

你像一个推销员那样思考过吗？你最好如此去做。生活在市场经济中要求你不断地推销设想，向你的上级、你的同事、你的爱人。如果你不能推销你的设想，你的麻烦就来了。我见过很多人，他们都有很不错的设想，但从来也没有实施。因为他们没能把它宣传出去，让人们接受。实际上，设法推销你的设想就像当初激发设想一样需要创造力。

自己推销自己的设想的最佳方式不是强调设想或产品本身，而是强调通过推销"产品的产品"，你就会用你未来的买主所了解和懂得的方式去描述它。下面有几个例子：20世纪60年代初期，一个五金制造公司向市场推出了一套新的钻孔设备。他们设计得相当不错，但投入市场后，却无人问津。这家公司决定做点市场调查，结果发现大多数的潜在买主所考虑的不是"钻头"而是孔，即"产品的产品"。他们重新改变了产品的形象，强调了这些设备"创造孔"的神奇力量。另一个例子是莱夫森，他是化妆品公司的创始人。20世纪70年代初，在一次鸡尾酒会上，一位女士问他：你的产品是什么？莱夫森回答说："尊敬的女士，在工厂的地板上，我们的产品是化妆品，但在商店里，我们的产品是'希望'。"

你是怎样作"紧张综合征"这一练习的？你认为这种产品是什么？噪声较小的办公用机器？吸音天花板？背景音响发生器（能发出微弱的音乐用以抵销噪声）？消除紧张的咨询顾问？一家旅行社？药品公司？这些猜测都很好。但这份广告却是由莫扎特背景音乐公司赞助的。这个广告接下去是这样：

有了莫扎特，你就会创造出一种舒适的环境，它会消除单调，使人们消除疲劳，对饮食更有胃口，并能帮助集中注意力。

用一句话来说，莫扎特保证使人们更为多产。这是一种精明的销售策略。有些人一想到莫扎特时，把它归入像塑料花和接电话中请对方稍候片刻时放的音乐之列。通过强调产品的产品，莫扎特公司已使自己处于专营"消除紧张和疲倦"这一业务的有利位置上去了。

关于推销产品的产品的另一要点是产品的产品有很多。对家庭主妇谈这方面事情时是一回事，对一个工程师谈就不同了，对一个农民谈则更不一样了。

提示：想一想如何推销你的产品，你的产品的产品是什么？它能为其他人创造出什么机会？

请从我们身边没有音乐的物品中，找出两个物品加上音乐或语音的功能，看有什么结果，填入下表中。

研究对象	内容说明	应用到另一事物的效果	新奇发明名称
一个原理			
一种特征			
一种方法			
一个局部			

二、发明家的思维模式

很多人同看一个物品，发明家应该想到这个物品上是否缺少音乐和语音功能，还应该想到把这一物品上的局部功能和部分应用到乐器上，发明家的思维就是比普通人想得更远更新更巧妙，并善于研究它们相结合的方式，结合后的新作用，还应该完善发明构想，完成发明方案。

三、发明家的行为模式

发明家应该像记者一样质疑和提问题，质疑细节要害，提出关键问题。敏捷的思维是记者的特质，对事物有兴趣是敏捷的前提。发明家始终要保持对事物激情，才能敏锐的抓住要害，质疑问题，提出见解。问题分表面问题和深入问题，发明家要学会提深入的问题，问题中的问题，关键的问题，敏感的问题。善于提问是找问题的关键，找到根本的问题才有可能产生新的发明。

第四章
色彩应用创造法

第一节　轻松发明方法

一、发明的故事

大自然是多彩的，人类的创造也是多彩的。你看，衣裙鞋帽、亭台楼阁、家用电器、糖果点心、船舶车辆、文化用品，无一不披彩挂色。丰富的色彩为我们的生活增添了无穷的美妙。然而，人们不仅仅欣赏和利用色彩的特殊装饰作用和各种装饰功能，并利用色彩发明新的事物。例如交通信号灯的发明就是这样。世界上第一个交通信号灯用的是红色和绿色，红色示意"停止"，绿色示意"当心"。过了半个世纪，直到1918年才创造出今天的红、绿、黄三色信号灯，用红色、绿色和黄色代表不同的语言指挥交通，色彩的功能就是非装饰性功能。

利用颜色发明创造新事物，一要研究色彩的成因和原理，二要研究光和色的特点和关系，三是研究色彩同各种事物的功能性关系。比如在白水泥中加入氧化铬就成了绿水泥，加进铬酸铅就变成黄水泥，加进氧化钒又成红水泥，加进硫化锡就变成了金色水泥。如果在水泥中加入二氧化钴，水泥就会随着温度变色，使用这种水泥的建筑物，晴天是蓝色的，阴天是紫色的，"山雨欲来风满楼"时变成深紫色，下雨时呈现出玫瑰红色。变色水泥的这种性能叫湿敏变色。许多化学物质还具有光敏变色特性和热敏变色特性。人们利用这些变色特性，发明了变色玻璃、变色涂料、变色纤维。在这些发明创造的基础上，又做出了更多的发明，如变色眼镜、变色窗帘、变色出入证、变色陶瓷、变色衣衫、变色铅笔、变色手帕、变色领带、变色书、变色商标、变色包装材料等。有的不仅可以变色，而且连图案花纹都在变化。美国有一种变色游泳衣，下水前是单色的，湿水后即出现了花花绿绿的图形。日本发明的能显示一年四季特征的玻璃水杯，看外形与普通水杯一样，每四个组成一套，当注入冰冷饮料时，它们会发生"季节的变化"，春杯上显示出正在长嫩叶的树，夏杯上的树叶茂盛，而秋杯的树呈现一片萧瑟景色，冬杯上的树则覆盖着皑皑白雪。

专门为婴幼儿发明的形如牙刷把的变色体温计，只要在口中含一分钟，取出后可以方便地读出体温数据，用酒精一擦就迅速恢复原色。别看它如此神奇，实际上原理也很简单，那就是在塑料上压制50个微小的凹坑，每个坑内涂上敏感点不同的热敏变色材料就成了。异辛锚醇酯能随温度变化而改变颜色，俄罗斯发明的诊断疾病的彩色温谱图，就是由一块薄塑料片注以黑漆和异辛锚醇酯制成的。将温谱图放在腹部，根据颜色随体温的变化，能及时地诊断一些易误诊的疾病，如急性阑尾炎、胰腺炎等，并可准确地测出患病部位和范围。美国的马克特耐尔公司推出的会变色的饮料吸管，也是利用一种热敏材料做出的发明设计。

若通过色彩进行发明创造，不但要研究变色材料，设计变色产品，更多的是"要把色彩同各种事物联系起来思考，发现色彩的新功能，利用颜色解决问题，让色彩在更多的方面发挥作用"。例如，不同颜色的光对植物的生长、发育有明显的影响：红色光照射下的植物，有机物合成加速，作物成熟早、产量高，如果是香瓜还特别甜，维生素C丰富；蓝色光照射下的作物，体内蛋白质含量明显增加，小麦等品质变优，花朵分外鲜艳；银色光尤其利于蔬菜的生长，因为危害蔬菜的蚜虫惧怕银色，银色对蚜虫有迷向作用。于是，人们发明了有色塑料薄膜覆盖农田的方法。再如火车站，怎样才能让旅客一眼看出哪辆是快车、哪辆是慢车呢？德国将火车的外壳涂成不同颜色，普通客车涂条状的红色和粉红色，快车涂深蓝色和浅蓝色，地区性客车涂两种不同的天蓝色，郊区客车涂橙、黄两色。这样，旅客只要一看见火车的颜色，便知是何种类型的列车。颜色还可像药物一样治疗多种疾病。已经发明的颜色治疗仪，能将各种颜色变成电磁波，经过放大输入人体，人体吸收了这种色素电磁波，病变部位就会逐渐痊愈。在军事上，利用色彩构图创造了迷彩伪装。色彩还能帮助人们揭开大自然的秘密。人们最初用显微镜观察细菌时，由于细菌是无色透明的，像雾里看花很难认清它的真面目。19世纪，德国的柯赫出奇地想到：给细菌染层颜色就容易识别它了。经过多次实验与失败，柯赫找到一种苯胺染料，细菌穿着这件牢不褪色的"蓝装"，第一次在显微镜下向人类展现出清晰的"身体"，"细菌染色法"终于发明了。有趣的是，法国警方为对付那些不听从警察指挥停下来的汽车，别出心裁地设计出一种"颜料枪"。枪膛内装着不脱色的颜料，遇到违反交通规则并绝尘遁去的汽车，瞄准击发，颜料射在车身上洗刷不掉，车主也就无法匿迹。

二、关于"色彩有哪些作用"的讨论

请每个同学说一个"色彩的作用"。

请写出一个"色彩的作用"：＿＿＿＿＿＿＿＿＿＿＿＿＿＿＿＿＿＿＿＿＿

三、色彩应用创造法的原理

生活离不开色彩，正如印度诗人泰戈尔所说："美的东西都是彩色的。"人们利用色彩不断地发明创造，使生活的色彩更浓、更美。当你看到食用冰一直是无色透明的老面孔时，是否想到发明彩色食用冰，能否找到创造的途径？其实这个发明并不难，只要在饮用水中加入适量色素，放进装有若干通气管的冰罐里，管内冒出的气泡就会不断地对水进行搅拌，饮用水即在不断地搅拌中被结成彩色食用冰。强烈的光亮会使牛奶风味变差，所含维生素B_2损失导致牛奶营养价值降低。你知道吗？这个问题也能用色彩来解决。只要把奶瓶换成深黄色的就行了。大家想在公共场所交结志趣相投的朋友，但苦于无法联系，那么，也可借助颜色。可以设想把别针设计成各种颜色，红色表示找音乐爱好者，绿色表示找棋友，蓝色表示找服装设计的同行，你按自己的意愿并按标示牌佩戴相应的一枚别针就可以了。在企业管理上，颜色也起了作用，这就是"颜色管理法"的发明。颜色管理由三个方面组成，即颜色优劣法、颜色鉴别法和颜色心理法。

人类还将按照自己的需要改变和控制大自然的色彩。如今，蓝色玉米、红色香蕉、紫色卷心菜、乳白色条纹的茄子、彩色棉花等都已培育出来。10多年前，中国的水稻育种专家，根据当地的地理条件，适当调整了肥料中的化学元素，培育出罕见的五彩稻。五彩稻所含营养成分不同，可以治疗人体因缺少某种元素而引起的疾病。俄罗斯畜牧学家发现，给羊喂食不同的微量元素可以改变绵羊的毛色。给绵羊吃铜元素后，它的毛色会变成天蓝色，吃铁元素后，它的毛色呈现淡红色，他们培养的彩色绵羊已成群出现在草原上。据统计，全世界已育成彩色绵羊百余种，颜色有金黄、雪青、蔚蓝、琥珀等色彩，这些羊毛无需染色，即可纺线编织。美国科学家发现南美洲的一种专产彩壳蛋的鸡，蛋壳有红、蓝、青、绿、粉红、墨绿等各种颜色。彩色珍珠、彩色兔也都已培育成功。人类将用更绮丽的色彩来描绘大自然的本色。

任何事物的功能、意义和作用都不是唯一的、不变的，颜色的功能、意义和作用不光是供人观赏。当你欣赏璀璨秀色的时候，请用创造的眼光审视美丽的外表，看到颜色的更多功能、意义和作用，把它同各种各样的事物联系到一起思考，才能利用颜色进行绚丽多彩的发明创造。

四、色彩应用创造法的应用要领

1. 要知道和掌握色彩的成因和原理，光和色的特点及关系，色彩同各种事物的功能性关系。

2. 充分利用色彩的特性在某种事物上应用，将色彩单调的物品加上丰富的色彩，改变现有物品的色彩，力求产生新的效果。

3. 不断地把色彩同各种事物联系起来思考，发现色彩的新功能，利用颜色解决问题，让色彩在更多的方面发挥作用。

4. 数学表达式为： $A（R+G+B）=C$。A表示一种事物，（R+G+B）表示色彩，C表示新的事物。

第二节 轻松发明创新思想

一、思维训练

假设你正处于一场战争之中，两支军队在打仗，一方是"红"军，另一方是"白"军。仅就颜色来联想，你支持哪一方？

有时，我们把假设灌输进自己的思维太深了，以致意识不到它们正在指挥着我们的判断和评价。许多根深蒂固的假设来源于我们的文化背景。文化背景的类型很多，有司机的文化背景，经营管理干部的文化背景，跑步者的文化背景，三年级小学生的文化背景等。一种文化背景中不言自明的东西对另一种文化可能会是陌生的。

认识我们的文化背景是怎样地影响着我们思维的一种方法是离开这种背景。例如几年前住在德国时，欧克博士在汉堡参加过一次新年晚会。真是个快乐的夜晚，美酒、美食、温文尔雅的宾客。大约在10点半，有人端出一大盆爆玉米花。欧克博士暗想："好极了，我有6个月没吃着爆米花了。"欧克博士伸出手去，抓了一大把塞进嘴里，天哪!欧克博士吃了一惊，有人竟在爆米花里放了糖，而他认为理所当然应该是咸的。后来他才知道，在北欧的一些地区，爆米花里放糖是当地的习惯。

你是怎样回答"战争"这一问题的？这一问题出现在俄国的国内战争。在冲突的开始，白军占有物质上的优势，但最后他们却失败了。他们的失败有很多原因，但就颜色来联想，俄国人认为"红"是美，与春天盛开的花、"生命的复兴"有同等的意义。而白则带来"冷""雪""流放到西伯利亚"等其他一些消极的情感。

就文化背景的判别会造成人们的迷惑和误解这方面，一个例子是心理学家瓦茨拉威克对第二次世界大战期间美军士兵与英国姑娘约会所发生事情的描述。问题：男女双方都指责对方太放肆。原因是什么呢？回答：文化差别所造成的误解。人类学家说，每种文化都有其一定的求婚步骤，从第一眼相见到婚姻关系的完成约有30步。有趣的是每种文化的步骤都不一样。按北美的习俗，接吻是第5

步——这是开始两人关系的一种友好的方式。而在第二次世界大战前的英国，这却是第25步——接吻被视为一种高度亲密的行为。现在想象一下一个美国士兵和一位英国姑娘在一起时会出现什么情形。他们约会并出去了一两次，这时这个士兵会想："我吻她一下，把我们的关系再推进一步。"于是他亲了她一下。而姑娘却惊呆了，她想："这是要到第25步才该发生的呀！"而且，她感到她受哄骗而跨越了礼貌交往过程的20步，现在她必须要决定或者由于走得太快太远而中断他们的关系，或者准备与他同居，因为这只有5步远了。从士兵的角度看，情形同样令人迷惑不解，她的行为像癫病患者或像一个荡妇。

做这些练习，讲这些故事的目的，为了阐明一个观点即生活是一场比赛，每种文化都有其不同的规则，盲目地去遵循这些规则会造成你做出低质量的决策。

列举2~3件物品，不断地把色彩同它们联系起来思考，设法利用色彩的特性，让色彩发挥作用。达到产生新的功能和作用目的。

物品名称	与色彩的关系	赋予新色彩的效果	产生的新作用	新名称

二、发明家的思维模式

导演看电影，看什么内容？理发师看演出，看什么？服装设计师看电视，看什么？很多人同看一个物品，发明家会注意哪方面？发明家应该想到这个物品上是否缺少色彩，色彩是否可以改变？是否可以设计出色彩效果全新的物品。发明家的思维与普通人的思维不同之处在于关注的方向不同，深入程度不同，思维模式不同。

三、发明家的行为模式

发明家应该像化学家一样善于实验，用实验证明设想、在实验中探究和发现新的问题。有个学生设计了一个带气球的书包，可以减轻重量，是否可以减轻重量，我们可以做个实验，证明一下。很多构想，不需要用实验证明，但如果去做实验，在实验中会有更多的发现和启迪。请同学们选择一个问题，设计一个实验，学会在实验中探究和发现新的问题。

第五章
微缩应用创造法

第一节 轻松发明方法

一、发明的故事

　　事物总是有大有小的，大到无穷大，小到无穷小。事物的大小表现在各个方面，有形状的大小、面积的大小、距离的大小、数量的大小、容量的大小、重量的大小、力度的大小、强度的大小等。

　　如果你以为起源于罗马时代的滑轮起重机，发展到今天都成了摩天巨人，那就错了。起重机在朝着大型、重型的方向发展的同时也朝着小型、微型的方向发展。德国发明的微型起重滑车，自重仅2kg，只需5kg的拉力就能吊重100kg。除一般的起重外，尤其适宜家庭使用，由楼上向下或由楼下向上吊运重物十分方便，遇到意外险情还可以用来自救。

　　最初发明的收音机、录音机、电视机、录影机、电子计算机都称得上庞然大物。随着科学技术的进步，它们越变越巧、越来越小。调频收音机只有图钉那么大，除天线和扬声器外，其余零件全部包容在一块精巧的集成电路上，图钉收音机可以装在怀表里或钢笔上，也可像耳环那样戴在妇女的耳朵上；录音机小如一个手表，戴在手腕上可随时录音，而且具有手表的功能；世界上最小的黑白电视机宛如一粒钮扣，屏幕尺寸仅有7.9mm×5.8mm，小巧玲珑，图像清晰；微型电子摄像机安装在一副眼镜里，每盘微型录像带可以连续录制两小时；各种用途的微型电脑，有的薄如纸片，有的小于一粒胶囊药丸，可以吞进肚里到检查体内病情。事物总是在创造中发展，在发展中创造的。从小到大是事物发展的一面，从大到小是事物发展的另一面。如果不改变某一事物的基本功能，而只是缩小它的空间占有量，这种发明创造的思路叫做微缩创新法。

二、关于"微缩现象"的讨论

请每个同学说一个"微缩现象"。

请写出一个"微缩现象"：_____

三、微缩应用创造法的原理

在微缩创新的过程中，有的不改变已有事物的原理或基本结构就能实现微缩并保持它的基本功能。例如，把风筝缩小到40mm长，25mm宽，照样能飞上天空。有的必须彻底改变它的原理或基本结构，才能达到微缩的目的。倘若没有集成电路、大规模集成电路和超大规模集成电路的发明，要微缩晶体管电脑是不可能的。许多事物的微缩化并不是高难度的创造，而是人们不晓得哪些事物应该微缩，以及怎样微缩才是科学的和可行的。当你长途旅行时，衣服难免揉弄出褶皱，显得没精神，携带一只熨斗又很不方便。你就应该想一想熨斗的微缩。熨斗可以微缩到一盒香烟的体积，净重不过1kg。有了它，你可以长时间在旅途中保持衣冠整齐。再如，弹簧拉力器是用来锻炼手、臂、足等部位的肌肉的，把它缩小到50mm左右，即成为锻炼手指的手指拉力器，装在衣服里，随时可以拿出来锻炼。类似这样的微缩创新，难道你想不到吗？

人们需要的不是事物对空间的占有量，而是它的功能。只要功能存在，微缩是大有可为的创造领域。阳春三月是孵鸡的季节，千百年来，发明创造者创造什么孵化装置只是不同的手段。只要能够孵化，方法越简越好，相应的孵化装置越小越妙。于是，人们发明了袖珍孵卵器，大小如同一个扁圆形糖果盒，可容纳20个鸡蛋，孵化中能严格保持所需温度，并且设有水分蒸发器，以保证必需的湿度。为了使卵受热均匀，还能不断地变换鸡蛋的位置。这种袖珍孵化器不但适合家庭养禽业的需要，还被用在胚胎研究和教学中。某些事物虽然功能很强，由于结构庞大，反而限制了使用范围，微缩可以弥补这些事物的不足。例如，山区的农田零星分布在七零八落处，且不说中型拖拉机，连小型拖拉机也派不上用场。由此可以想到，拖拉机也需要微缩。保加利亚专为农民设计的微型拖拉机，小得令人难以置信。自重才60kg，放在自行车的后架上就能带走。微型拖拉机使用一台小马达，配有一副耙和一个中耕机，可以进行多项作业。

微缩技术有深有浅。有些事物只有应用新技术、新工艺、新材料，直到采用最新科技成就方能实现微缩创造，拇指那么大的录音带，微缩空调的袖珍调温器，比一块香皂还小的超小型复印机，总重量10kg的微型直升飞机。但是，大多数事物的微缩并不需要深奥的学问。比如微型订书机，全长不过35mm，重22g，体积比指甲剪还要小，使功能仍同普通型号的订书钉。再如，比打火机稍大一点儿的微型喷灯、与茶杯高低差不多的袖珍水泵、体积相当于一台洗衣机的小型废纸回收处理机、不足10kg的微型管道疏通机、火柴盒大小的电风扇等，只要创造性地利用现有的技术、工艺和材料制作，就能达到微缩创新的目的。

一台机器可以微缩，那么，能否微缩一个车间、微缩一座工厂、微缩一群建筑呢？例如水电站，有雄伟的拦洪坝、巨大的发电机组、复杂的仪器仪表，然而，俄罗斯科技人员经过微缩设计，发明了一种能装在背包里的"水电站"。虽然"水电站"的功率只有300～500W，但它仍能发出50Hz、380V的标准三相交流电，每度电的成本只有汽油发电机的1/700，微型水电站的发明不仅为地质学家、勘探队和野外旅行者提供了工作和生活的方便，更重要的是人们从这一创造中看到了车间微缩化、工厂微缩化的曙光。当今世界，人口激增、工厂林立、森林草原和耕地锐减，研究车间、工厂的微缩化，对科技、经济和社会的发展具有深远的意义。

微缩创新的思想能在很多领域得以运用。把农药、化肥按照需要封装在一种微型囊中，种植者购回后，埋在作物根部，即保证了使用的安全，还可以使农药、化肥在土壤中定时释放，免除浪费，并能保证药力和肥效。这就是大有发展前途的微封包装。绿豆大的辣椒、弹丸似的茄子、手指般粗细的黄瓜、鹅盘大的南瓜、一口能吞下十来个的西红柿，这就是植物学家已经成功的培养出来的袖珍蔬菜。还有兔大的猪，全家三口人一顿可美餐一头，这就是速成微型瘦肉猪。今后，小孩缺奶不必愁，饲养一头微奶牛即可解决问题。中国有一位农民经过25年的研究配种，培育出震惊世界的"迷你鸡"，小到能站在你的指头上跳舞。在艺术领域，那脸盆大的百花园、刻在头发上的诗词,也都是微缩创造的瑰宝。

四、微缩应用创造法的应用要领

1. 在不改变事物的基本功能的情况下，尽量设想缩小它的空间占有量。

2. 可以不改变已有事物的原理或基本结构达到微缩的目的。也可以彻底改变原有事物的原理或基本结构达到微缩的目的。

3. 充分利用最新科技成果、新技术、新工艺、新材料实现微缩的目的。

4. 在不同领域设想应用微缩创造法。

5. 数学表达式为：　$A \times B\% = C$。A表示一种事物，B表示小于100的数字，C表示新的事物。

第二节 轻松发明创新思想

一、思维训练

假如人们在冰箱里睡上一觉会怎么样？你很可能会梦见滑冰或打雪球。你把头放在冷冻室里可以睡个好觉。许多冰箱是自动除尘的，你可能因此不需要去洗澡了。还有什么荒唐的事我们可以去做做的？

一提起艺术家，我们脑海里就常常会浮现出一个与泥团打交道的雕塑家的形象。艺术家偶尔也需要来点"傻气"，这是他使用幽默和夸张技术的前提。艺术家利用幽默和荒谬的"假如……会怎么样"的疑问使自己从陈规旧习中挣脱出来，并从新的角度来看待事物。例如他可能会讲上一两个笑话：

问：你怎么称呼一个刚越狱潜逃的有着超人魔力的侏儒？

答：一个在逃的小巫师。

问：这位探险家为什么花了20元钱买一张砂纸？

答：他把这张砂纸当成了撒哈拉大沙漠的地图。

他或许给你一组新的换算数字：

2个人→1天

1／2个人→一个伴

1千里→重

他也可能会引用一段名言：

这儿好那儿好，比不上自己家好。——桑尼，双关语艺术家。

我不爱吃蜗牛，我喜欢快餐。——吉姆，权威评论家。

他也可能给你一张鸡食谱：

小鸡肚肠、鸡飞蛋打、鸡零狗碎、滑稽、鸡毛蒜皮。

艺术家相信引入哈哈大笑的幽默心情与作出创造性发现时所发出的"阿哈"惊叹之间有密切的关系。若你在笑话什么东西，你就是在向其概念下的规则提出挑战，并以别具一格的眼光看待它。这已在几年前我对一组高中学生所作的创造力测验中得到了证实。参加者等分为两组。在测验前，一个组先在教室里静静地坐半小时，同时另一组在另一个房间里听一位著名喜剧演员的演出录音。然后两组一起参加创造力测验。结果听录音的组在测验成绩的各个方面都比另一组好，喜剧开阔了他们的思路。

一个咨询服务对象是一家卫星制造公司。一次，该公司召开了一个设计会议，会上人人都沉浸在一种发狂的思维状态之中，他们甚至要想把卫星拿过来烤一烤吃了。他们编了很多笑话，真是开心极了，结果他们迸发出大量的很棒的设计想法。而在下一周的另一次会议上，当每个与会成员都格外严肃时，他们却未能产生出任何新设想。

假如你现在是你所在城市的市长，对你的城市你能够取笑的三件事是什么？

提示：夸张取笑，干点傻事。去听听喜剧录音和读读笑话以使你的大脑进入创造性状态。在你陷入泥潭或处于很大压力之下时，利用幽默尤其有效。物理学家波尔说得好："有许多事情是那样严肃，使得你忍不住要对它们发笑。"

请列举2～3件物品，充分利用最新科技成果、新技术、新工艺、新材料实现微缩的目的。

物品名称	可以收缩的部分	可以替代的部分	微缩后产生的新作用	新名称

二、发明家的思维模式

导演看电影，看什么内容？理发师看演出，看什么？服装设计师看电视，看什么？很多人同看一个物品，发明家会注意哪方面？发明家应该想到这个物品是否可以变小，变小的主要方法是伸缩。如何伸缩是发明家思考的问题。发明家的思维与普通人的思维不同之处在于关注的方向不同，深入程度不同，思维模式不同。

三、发明家的行为模式

发明家应该像数学家一样推导研究所得到的数据，并统计和分析相关数据，找出规律和特征。把"0"变成"1-1"，已知两个条件，推导出第三个条件，是数学家的本领。善于利用数据，分析数据是发明研究者应该掌握的。有一个学生上了发明课，语数外三门功课提高了21分，不能证明提高成绩的原因是上了发明课。但是，全国有100所学校，做了对比实验，上了发明课的班级平均成绩都高于未上发明课的班级，统计数据结果就可以证明，发明课可以促进其他方面的发展。我们应该学会利用数据，在数据中找出规律。

第二篇

知识产权教育活动

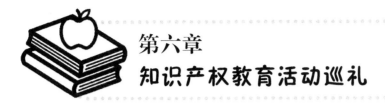

第六章
知识产权教育活动巡礼

2003年：创立了轻松发明教育体系，时任国家知识产权局局长王景川为《轻松发明》（知识产权出版社出版）教材作序，开启中国知识产权教育活动的序幕，罗凡华联合知识产权出版社建议国家知识产权局联合教育部推动知识产权试点学校，举办知识产权师资培训。

2004年：以普及知识产权教育为理想，以"全国发明创新教育体系"项目为基础，创建了中国少年儿童发明创造活动指导中心，罗凡华担任总指导。

2005年：经全国人大常委会副委员长、中国科学院院士、中国工程院院士吴阶平同志批准，由中国科学技术发展基金会高士其基金管理委员会指导，罗凡华创办，并协调中国少年儿童发明创造活动指导中心、中国科学技术发展基金会、中国少先队事业发展中心共同举办了"首届中国少年儿童创新能力竞赛（高士其创新大奖赛）"。

2006年：由罗凡华筹办并协调中国科学技术发展基金会联合中国教育学会中育教育发展研究中心、中国教育学刊杂志社等单位在北京师范大学亚太实验学校举办了"第二届中国青少年高士其创新大赛暨科技创新夏令营"。中国教育学会与国家知识产权局同意主办"第三届中国青少年高士其创新大赛暨科技创新夏令营"，并协商将"第三届中国青少年高士其创新大赛"更名为"首届中国青少年创意大赛暨知识产权宣传教育活动"。

2007年：首届中国青少年创意大赛暨知识产权宣传教育活动成功举办，罗凡华担任组委会办公室主任，曾任国家知识产权局局长的姜颖担任组委会主任委员，国家知识产权局时任局长田力普批准由中华人民共和国国家知识产权局作为这项活动的主办单位之一，并拨款资助这项活动在人民大会堂举行，明确活动官方网站为——中国创意网www.china1847.com。7月24日，"新新杯"首届中国青少年创意大赛暨知识产权宣传教育活动颁奖大会在人民大会堂举行，并发表了《中国青少年保护知识产权宣言》，全国政协副主席张怀西，全国人大常委、国家知识产权局原局长姜颖、国家知识产权局副局长 林炳辉 ，中国教育学会会长顾明远等领导及专家出席了颁奖大会并讲话，来自全国1500多名师生代表参加了全国总决赛和颁奖大会。

2008年：6月，国务院公布《国家知识产权战略纲要》，要求"制定并实施全国中小学知识产权普及教育计划，将知识产权内容纳入中小学教育课程体系。"普及知识产权教育和培养创新型人才已成为实施国家知识产权战略的重要内容。所以，在全国中小学中普及知识产权教育计划十分必要，也是国家发展的需要，我们一定要肩负起这一历史使命。普及知识产权教育需要开展知识产权活动，中国青少年创意大赛组委会致力于普及知识产权教育，培养创新型人才，轻松发明课就是一种有效的载体。7月，中国教育学会、中国商标局、中国版权协会三家单位共同主办中国青少年创意大赛，在山东省烟台市鲁东大学举办了"第二届中国青少年创意大赛暨知识产权宣传教育活动全国总选拔赛"，中国版权协会理事长沈仁干、常务副理事长杨德炎、副理事长刘春田、副秘书长刘义成、中国教育学会常务副会长郭永福、中国商标局周正处长等领导出席活动，来自全国100多所中小学校的1300多人参加了比赛。11月，在无锡市国际学校举办了"第二届中国青少年创意大赛总决赛"，全国政协副主席张怀西、中国版权协会理事长沈仁干、常务副理事长杨德炎、副秘书长刘义成、中国教育学会会长顾明远、中国教育学会常务副会长郭永福等领导出席活动，来自全国60多所中小学校的700多人参加了总决赛。

2009年：6月，由罗凡华提议，经国家版权局阎晓宏副局长批准，在国家民政局注册成立"中国版权协会教育委员会"，刘春田教授任负责人、主任委员，罗凡华任秘书长，中国版权协会教育委员会和中国青少年创意大赛组委会成为中国青少年创意大赛、中国大学生创意创业大赛的组织承办单位。7月，在山东省济南市历城二中举办了"第三届中国青少年创意大赛暨知识产权宣传教育活动总决赛"，全国政协副主席张怀西、中国版权协会理事长沈仁干、常务副理事长杨德炎、副秘书长刘义成、中国教育学会会长顾明远、中国教育学会常务副会长郭永福、国家环保部贾峰副司长、国家环保部宣教中心主任焦志延、山东省教育厅张志勇副厅长等领导出席活动，来自全国190多所中小学校的2500多人参加了总决赛。

2010年：7月，在时任国家主席胡锦涛同志的母校——江苏省泰州中学举办了"第四届中国青少年创意大赛暨知识产权宣传教育活动总决赛"，同时在上海举办了全国总选拔赛，与上海世博会联合举办了全国青少年畅游低碳世博会活动，全国政协副主席张怀西、中国版权协会理事长沈仁干、常务副理事长张秀平、副理事长刘春田、副秘书长刘义成、中国教育学会会长顾明远、中国教育学会常务副会长郭永福、国务院参事徐锭明等领导出席活动，来自全国200多所中小学校的2700多人参加了总决赛。7月，为了将知识产权宣传教育活动覆盖到全国大学，在成功举办中国青少年创意大赛基础上，罗凡华老师提出举办"中国大学生创意创业大赛暨知识产权教育活动"，刘春田教授出面协商中国高等教育学会副会长张晋峰后，中国版权协会、中国高等教育学会、中国教育学会签发批件，成立中国大学生创意创业大赛组委会，由罗凡华担任组委会秘书长，共同举办"中国大学生创意创业大赛暨知识产权教育活动"，与中国青少年创意大赛同步举办。7月，在上海举办了"首届中国大学生创意创业大赛暨知识产权教育活动全国总决赛"。来自全国30多所高校参加首届总决赛。

2011年：7月，在湖北省襄阳市襄阳五中，举办了"第五届中国青少年创意大赛暨知识产权宣传教育活动全国总决赛"，全国政协副主席张怀西、中国版权协会常务副理事长张秀平、副秘书长刘义成、中国教育学会常务副会长郭永福、中国教育学会秘书长杨念鲁、中华商标协会肖芸副秘书长、办公室那春燕主任等领导出席活动，来自全国200多所中小学校的3000多人参加了全国总决赛。7月，在湖北省襄阳市襄樊学院举办了"第二届中国大学生创意创业大赛暨知识产权教育活动全国总决赛"。来自全国的40多所高校参加了总决赛。11月，在香港成功举办了首届世界创意节和2011年中国青少年创意大赛交流年会，世界乒乓球冠军王楠亲临活动现场，与香港7家学校深入交流了创新教育。

2012年：7月，由教育部主管的中国智慧工程研究会主办，在重庆市渝北中学校举办"第六届中国青少年创造力大赛全国总决赛"，以及"第三届中国大学生创意创业大赛暨知识产权教育活动全国总决赛"。

2013年：5月，由罗凡华老师起草，广东实验中学建议，钟南山院士同意，在中国青少年创造力大赛中设立了一项专项奖——钟南山创新奖，钟南山创新奖成为中国青少年创造力大赛的重要组成部分，形成了中国青少年创造力大赛的品牌标志。7月，依据中国科协关于全国青少年科技创新大赛届别组合原则，中国青少年创造力大赛从2005年至2012年，实际举办了9届，并启动了最新比赛形式，决定在广东实验中学举办"第九届中国青少年创造力大赛全国总决赛"，并首次引进德国纽伦堡国际发明展中国区选拔赛，启动了"钟南山创新奖公益活动"，活动名称为"第九届中国青少年创造力大赛全国总决赛暨第六十五届德国纽伦堡发明展中国区选拔赛（第一届钟南山创新奖公益活动）"，活动由教育部主管的中国智慧工程研究会主办。

2014年：7月，在广东实验中学，成功举办了第十届中国青少年创造力大赛全国总决赛暨第六十六届德国纽伦堡发明展中国区选拔赛（第二届钟南山创新奖公益活动），钟南山院士出席活动，广东省教育厅等机构作为支持单位，活动由教育部主管的中国智慧工程研究会主办。

2015年：4月，在瑞士日内瓦联合国办公室，联合国世界知识产权组织副总干事王彬颖在罗凡华出版的著作《中国青少年知识产权读本》上签字：希望罗凡华先生为世界知识产权教育做出更大贡献。5月，在广东实验中学成功举办了第十一届中国青少年创造力大赛全国总决赛暨第六十七届德国纽伦堡发明展中国区选拔赛（第三届钟南山创新奖公益活动），钟南山院士出席活动，广东省教育厅、广东省科协等机构作为支持单位，活动由教育部主管中国智慧工程研究会主办。8月，经钟南山院士批准成立"北京钟南山创新公益基金会"由钟南山院士担任名誉理事长、罗凡华担任专职秘书长、安永军担任执行理事长，开启中国青少年知识产权教育公益化时代。

2016年：4月，教育部主管的中国智慧工程研究会、北京钟南山创新公益基金会与吴忠市人民政府联合主办了第十二届中国青少年创造力大赛西部赛区邀请赛，重启全国创新名校联盟。5月，在广东实验中学，成功举办了第十二届中国青少年创造力大赛全国总决赛暨第六十八届德国纽伦堡发明展中国区选拔赛（第四届钟南山创新奖公益活动），钟南山院士表示出席活动，德国纽伦堡国际发明展主席专程抵达广州出席大赛，广东省教育厅等机构作为支持单位，活动由教育部主管中国智慧工程研究会和北京钟南山创新公益基金会主办。5月，中国发明协会第七次全国会员代表大会在京召开，会议期间，罗凡华与国家知识产权局局长申长雨合影留念，申局长表示要鼓励青少年发明创造，提高知识产权意识。

第七章
图说知识产权教育活动

中国青·少年创造力大赛、钟南山创新奖活动

2016年中国青少年创造力大赛总决赛参会领导合影

钟南山院士与评委韩洪光握手

钟南山院士听取罗凡华秘书长汇报

钟南山院士、德国发明展主席出席钟南山创新奖公益活动启动仪式

德国发明展主席对中国青少年发明作品提出改进意见

评委韩洪光为获得钟南山创新奖的学生颁奖

德国发明展主席与获得钟南山创新奖的学校合影

评委胡宏伟为获得钟南山创新奖的学生发明者颁奖

评委韩洪光为获得钟南山创新奖的
老师颁奖

评委韩洪光为获得钟南山创新奖的
校长颁奖

钟南山创新奖及冰心·文学大赛公益活动

中央政治局委员、广东省委书记胡春华与
钟南山院士一起同发明爱好者交流发明
项目及文学作品

钟南山院士听取安永军执行理事长，罗凡
华秘书长的工作汇报

钟南山院士、徐瑄教授出席冰心文学大赛活动

钟南山院士为学生发明社团题字

钟南山院士与学生发明者讨论发明项目

钟南山院士、作家黄宇一起出席冰心文学大赛公益活动

钟南山院士与同学们一起参加公益活动

2016年7月第十一届全国青少年冰心文学大赛颁奖大会在清华大学举行

作家肖惊鸿、陈恕教授、杨克强教授出席
冰心文学大赛清华大学颁奖大会

学生代表上台主持并表演

参加冰心文学大赛清华大学颁奖大会的学生代表

罗凡华秘书长出席并主持冰心文学大赛
清华大学颁奖大会

冰心女婿陈恕教授为学生颁奖

冰心文学大赛创办人安永军秘书长为学生颁奖

河南省漯河代表在冰心文学大赛上
合影留念

冰心文学大赛参赛代表在北京采风

全国创新名校大会

◀ 罗凡华在北京三十五中给学生讲发明课，累计
到全国近千所学校给学生讲轻松发明示范课

罗凡华秘书长与国家知识产权局局长申长雨
在中国发明协会第七次全国会员代表大会上
合影，申局长表示要鼓励青少年发明创造，
提高知识产权意识

◀ 罗凡华出版的《轻松发明》系列教材代表作

第十届全国创新名校大会在北京市八一学校举行。北京市八一学校开展
发明创造特色教育取得丰硕成果

德国纽伦堡国际发明展活动

德国纽伦堡国际发明展中国代表团在德国发明展上合影

德国纽伦堡国际发明展中国代表团在法国考察交流

德国纽伦堡国际发明展中国代表团成员合影

德国纽伦堡国际发明展中国代表团与德国发明展主席一起合影

德国纽伦堡国际发明展中国代表团与德国发明展主席一起合影

德国纽伦堡国际发明展中国代表团成员中国科协副主席张勤与发明者交流

瑞士日内瓦国际发明展活动

▲ 日内瓦国际发明展展台

◀ 联合国世界知识产权组织副总干事王彬颖为罗
凡华题字，希望为中国知识产权教育再做贡献

联合国世界知识产权组织副总干事王彬颖与日内瓦国际发明展代表合影

联合国世界知识产权组织副总干事王彬颖与日内瓦国际发明展代表交流

美国匹兹堡国际发明展活动

美国匹兹堡国际发明展主席访问国家知识产权局

美国匹兹堡国际发明展主席
访问北京钟南山基金会

美国匹兹堡国际发明展主席访问北京师范大学

美国匹兹堡国际发明展主席访问北京故宫

美国匹兹堡国际发明展主席与中国发明者在美国发明展上

美国匹兹堡国际发明展主席与中国发明者在
美国发明展上

美国匹兹堡国际发明展主席在
美国发明展上

美国匹兹堡国际发明展主席与中国发明者在美国发明展上

美国匹兹堡国际发明展主席访问北京钟南山基金会

第三篇

校本课程教育资源

第八章
广益中学校本资源及知识产权教育概况

广益中学所在的重庆南岸区作为西部教育综合改革示范试验区、重庆市首批接受国家义务教育均衡发展合格区县督导评估的区县、全国基础教育综合改革实验区，"书香南岸、幸福教育"的理念深入人心。1997年，原重庆四中创办重庆二外，大部分师生并入广益中学，给广益中学提供了大好的发展机会。南山八十九中、老厂八十八中在随后几年中陆续并入广益中学，不仅扩大了广益中学的办学规模，还扩大了优质教育资源覆盖范围，有利于推进义务教育学区化办学，在南岸区范围内按照地理位置就近原则，将义务教育学校结合成片，统筹协同办学。

广益中学有120余年的办学历史，校友资源丰富。何鲁、文幼章、赖以庄、邓君吾等曾在此任教，邹容、李锡铭、古耕虞、王朴等曾在此就读。百年来，广益学子遍及宇内四海，广益英才不乏国家栋梁，其中包括党和国家领导人原中共中央政治局委员、全国人大常委会副委员长李锡铭、中国科学院院士、脑智科学首席科学家李朝义，中国科学院院士、药理学教授邹冈，中国科学院院士、土壤科学家赵其国，中国工程院院士、测控及雷达专家刘嘉兴，全国人大常务委员会委员、中国社科院学部委员、法律专家、《物权法》起草者王家福等。

近几年广益中学在新课程改革的征途中，从校本课程着手，重视学生的创新及知识产权教育，在学生中开展科普活动，开展教学实验课，注重引发学生的好奇心和兴趣，倡导轻松发明从身边小事做起，在学校里营造出浓厚的科技发明氛围，促进学生创新素质的不断提高。

在老师的帮助和辅导下学生创新与发明还申请了发明专利几十项，收获了创新的喜悦和成果，知识产权保护意识进一步得到普及与加强。

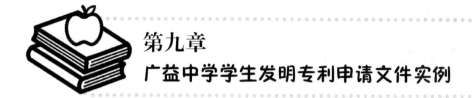

第九章
广益中学学生发明专利申请文件实例

导 语

为了保护专利权人的合法权益，鼓励发明创造，推动发明创造的应用，提高创新能力，促进科学技术进步和经济社会发展，我国制定了中华人民共和国专利法（简称"专利法"）。专利法所称的发明创造是指发明、实用新型和外观设计。

发明，是指对产品、方法或者其改进所提出的新的技术方案。

实用新型，是指对产品的形状、构造或者其结合所提出的适于实用的新的技术方案。

外观设计，是指对产品的形状、图案或者其结合以及色彩与形状、图案的结合所作出的富有美感并适于工业应用的新设计。

国务院专利行政部门负责管理全国的专利工作；统一受理和审查专利申请，依法授予专利权。省、自治区、直辖市人民政府管理专利工作的部门负责本行政区域内的专利管理工作。

申请发明或者实用新型专利的，应当提交请求书、说明书及其摘要和权利要求书等文件。

申请外观设计专利的，应当提交请求书、该外观设计的图片或者照片以及对该外观设计的简要说明等文件。申请人提交的有关图片或者照片应当清楚地显示要求专利保护的产品的外观设计。

本章选取了30件广益中学学生发明专利申请实例，摘录了技术领域、背景技术、发明内容、附图说明、具体实施方式内容，未包含权利要求书。这些案例提供了一些发明创造的技术方案，抛砖引玉，启发同学们创造更好、更有价值的发明和专利。

当然，更规范的专利撰写知识请大家按照专利法及其实施细则的要求进一步学习，或登录"国家知识产权局"官方网站，选择自己感兴趣的专利案例进行研习，探索并掌握专利申请文件的撰写方法，进一步学习知识产权方面的其他知识，成为知识产权方面的小专家。

学生发明实例1

"多功能儿童浴缸"

专利申请说明书及附图

申请人或专利权人：张立

技术领域

本实用新型涉及一种浴缸，尤其涉及一种多功能儿童浴缸。

背景技术

刚生下来的宝宝不太会流汗，但是由于皮脂腺的作用，仍使得身体容易脏，再加上为了预防尿布疹，每天沐浴是必修课。现在市场上的浴缸多只能沐浴，当孩子稍微长大一些，因其单调的沐浴功能很容易被淘汰。

鉴于上述的缺陷，本设计人积极加以研究创新，以期创设一种多功能儿童浴缸，使其更具有产业上的利用价值。

实用新型内容

为解决上述技术问题，本实用新型的目的是提供一种方便儿童使用的多功能儿童浴缸。

本实用新型的多功能儿童浴缸，浴缸的一侧开设有入浴口，入浴口的一侧铰接有安全门，在安全门与浴缸的接缝处密封垫；在安全门的开口处设一个插销；在浴缸侧壁外侧设一个矩形槽，在矩形槽内固定一个滑板，滑板的端部设置卡扣结构，在与此侧壁相连的浴缸的另一外侧固定一个卡扣槽，所述卡扣扣在所述卡扣槽内，在浴缸底的内部设一凹槽。

进一步的，所述滑板的宽度小于浴缸的宽度。

进一步的，滑板与浴缸底部夹角设为60°。

进一步的，安全门设在离浴缸底面约2/3处的浴缸侧壁上。

借由上述方案，本实用新型至少具有以下优点：在浴缸的一侧开设有入浴口，入浴口的一侧铰接有安全门，在安全门与浴缸的接缝处设一个密封垫，以防止水外溢；在安全门的开口处设一个插销，使得安全门可保持关闭状态；在浴缸侧壁外侧设一个矩形槽，在矩形槽内固定一个滑板，滑板的端部设置成类似于乐扣水杯盖上的卡扣结构，在与此侧壁相连的浴缸的另一外侧固定一个与上述卡扣结构相匹配的乐扣槽，当滑板不使用时可以将其固定在乐扣槽内，使用时拿出来挂在浴缸的上端即可；在浴缸底的内部设一道凹槽来保持滑板插进去不易被儿童拉出。滑板的宽度略小于浴缸的宽度，保证滑板挂在浴缸上端部时不易左右移动，设定当滑板挂在浴缸上端时，其与浴缸底部夹角设为60°是较为舒适的，安全门设在离浴缸底面约2/3处的浴缸侧壁上。

上述说明仅是本实用新型技术方案的概述，为了能够更清楚了解本实用新型的技术手段，并可依照说明书的内容予以实施，以下以本实用新型的较佳实施例详细说明如后。

附图说明

图1是本实用新型多功能儿童浴缸的使用状态示意图；

图2是本实用新型多功能儿童浴缸的收回滑板状态结构示意图。

附图说明：

101. 入浴口；102. 安全门；103. 凹槽；104. 滑板；105. 插销。

具体实施方式

下面结合附图和实施例，对本实用新型的具体实施方式作进一步详细描述。以下实施例用于说明本实用新型，但不用来限制本实用新型的范围。

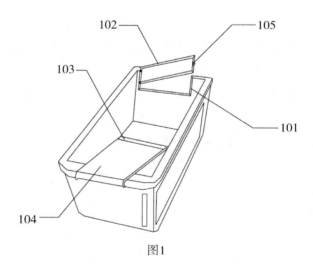

图1

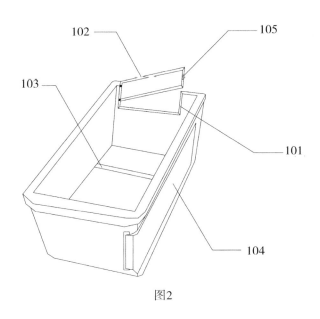

图2

如图1所示，本实用新型一较佳实施例所述的一种多功能儿童浴缸，在浴缸的一侧开设有入浴口101，入浴口101的一侧铰接有安全门102，在安全门102与浴缸的接缝处设一个密封垫以防止水会外溢；在安全门102的开口处设一个插销105使得安全门102可保持关闭状态；在浴缸侧壁外侧设一个矩形槽，在矩形槽内固定一个滑板104，滑板104的端部设置成类似于乐扣水杯盖上的卡扣结构，在与此侧壁相连的浴缸的另一外侧固定一个与上述卡扣结构相匹配的卡扣槽，当滑板104不使用时可以将其固定在卡扣槽内，使用时拿出来挂在浴缸的上端即可；在浴缸底的内部设一道凹槽103来保持滑板104插进去不易被儿童拉出。滑板104的宽度略小于浴缸的宽度，保证滑板104挂在浴缸上端部时不易左右移动，设定当滑板104挂在浴缸上端时，其与浴缸底部夹角设为60°是较为舒适的，安全门102设在离浴缸底面约2/3处的浴缸侧壁上。

以上所述仅是本实用新型的优选实施方式，并不用于限制本实用新型，应当指出，对于本技术领域的普通技术人员来说，在不脱离本实用新型技术原理的前提下，还可以做出若干改进和变型，这些改进和变型也应视为本实用新型的保护范围。

学生发明实例2

"可滑动式座椅"

专利申请说明书及附图

申请人或专利权人：杨淇智

技术领域

本实用新型涉及一种座椅，尤其涉及一种可滑动式座椅。

背景技术

现有技术中虽然已经有了带有滚轮的座椅，但这种座椅往往应用于办公室或者个人书房，学校学生使用的座椅还都是普通的座椅，每当户外举行活动或者需要搬动座椅的时候，很多人都会觉得座椅很沉重，搬运困难。

实用新型内容

为解决上述技术问题，本实用新型的目的是提供一种结构简单、搬运方便，适合各种场合的可滑动式座椅。

本实用新型的可滑动式座椅包括椅背、椅座和椅腿，所述椅腿的底部分别设置有连接装置，所述连接装置上连接有滚轮。

进一步的，所述连接装置为V形。

借由上述方案，本实用新型至少具有以下优点：1.利用椅腿底部的滚轮可以很轻松方便的搬动沉重的座椅。2.不需要搬动座椅时，可将滚轮旋转到椅腿一侧，增加座椅着地的稳固性。3.结构简单、使用方便，适合各种场所。

上述说明仅是本实用新型技术方案的概述，为了能够更清楚了解本实用新型的技术手段，并可依照说明书的内容予以实施，以下以本实用新型的较佳实施例并配合附图详细说明如后。

附图说明

图1是本实用新型的可滑动式座椅的结构示意图；

图2是图1所示的可滑动式座椅的连接装置的结构示意图。

图中标记说明：

1. 椅腿；2. 滚轮；3. 椅背；4. 椅座；5. 连接装置。

具体实施方式

下面结合附图和实施例，对本实用新型的具体实施方式作进一步详细描述。以下实施例用于说明本实用新型，但不用来限制本实用新型的范围。

如图1与图2所示，本实用新型一较佳实施例所述的可滑动式座椅，包括椅背3、椅座4和椅腿1，椅腿1的底部分别设置有V形的连接装置5，连接装置5上连接有滚轮2。

搬动座椅时，将连接装置5旋转下来，让滚轮着地，人们推着椅背可以轻松地搬动座椅；如果不搬动，可以将连接装置5旋转到椅腿1的一侧，让椅腿1着地，增加座椅着地稳固性。

该可滑动式座椅的优点在于：1. 需要搬动座椅时利用椅腿底部的滚轮可以很轻松方便地搬动沉重的座椅，在不需要搬动座椅时，可将滚轮旋转到椅腿侧面，增加座椅着地的稳固性；2. 该座椅的结构简单、使用方便，适合各种场所。

以上所述仅是本实用新型的优选实施方式，并不用于限制本实用新型，应当指出，对于本技术领域的普通技术人员来说，在不脱离本实用新型技术原理的前提下，还可以做出若干改进和变型，这些改进和变型也应视为本实用新型的保护范围。

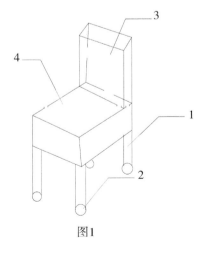

图1

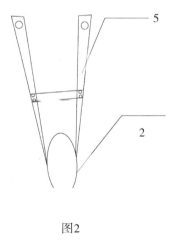

图2

学生发明实例3

"便于撕取的胶带"

专利申请说明书及附图

申请人或专利权人：程传翔

技术领域

本实用新型涉及一种胶带，尤其涉及一种便于撕取的胶带。

背景技术

现有技术中的胶带包括透明胶带、医用胶带和绝缘胶带等，在使用的时候直接用手比较难断节，需要借助小刀或者剪刀等工具，在没有工具时，有的人甚至选择用牙齿咬断，比较不雅。

实用新型内容

为解决上述缺陷，本实用新型的目的是提供一种便于撕取的胶带。

本实用新型的便于撕取的胶带，包括胶带层与卷轮，所述胶带层缠绕在卷轮上，所述胶带层的正面横向等距离的设置有直线型针孔。

进一步的，所述直线形针孔从所述胶带层的上边缘垂直延伸至下边缘。

借由上述方案，本实用新型至少具有以下优点：1.从直线形针孔处可以很容易地将胶带断开，方便实用，可提高工作效率；2.结构、工艺流程简单，成本低廉。

上述说明仅是本实用新型技术方案的概述，为了能够更清楚地了解本实用新型的技术手段，并可依照说明书的内容予以实施，以下以本实用新型的较佳实施例并配合附图详细说明如后。

附图说明

图1是本实用新型的便于撕取的胶带的结构示意图。

图中附图标记说明：

1.胶带层；2.卷轮；3.直线形针孔。

具体实施方式

下面结合附图和实施例，对本实用新型的具体实施方式作进一步详细描述。以下实施例用于说明本实用新型，但不用来限制本实用新型的范围。

如图1所示，本实用新型一较佳实施例所述的便于撕取的胶带，包括胶带层1与卷轮2，胶带层1缠绕在卷轮2上，胶带层1的正面横向等距离地设置有直线形针孔3，直线形针孔3从胶带层1的上边缘垂直延伸至下边缘。

实际使用时从直线形针孔3处稍用力便可截断胶带层1。

该便于撕取的胶带的优点在于：1. 从直线形针孔处可以很容易地将胶带断开，方便实用，可提高工作效率；2.结构、工艺流程简单，成本低廉。

以上所述仅是本实用新型的优选实施方式，并不用于限制本实用新型，应当指出，对于本技术领域的普通技术人员来说，在不脱离本实用新型技术原理的前提下，还可以做出若干改进和变型，这些改进和变型也应视为本实用新型的保护范围。

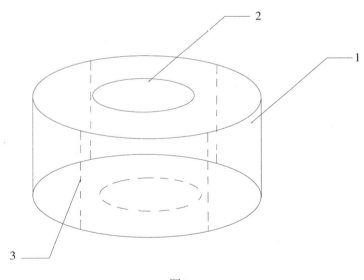

图1

学生发明实例4

"带手电筒的雨伞"

专利申请说明书及附图

申请人或专利权人：昌蕾雨

技术领域

本实用新型涉及一种雨伞，尤其涉及一种带手电筒的雨伞。

背景技术

对于很多生活在农村的人来说，由于晚上路灯不是很亮，碰上下雨天的时候，既要打伞又要打手电筒，加上路面湿滑，一不小心就会滑倒。偶尔碰上大风天气，还有可能把手电筒丢了，非常不方便。

实用新型内容

为解决上述缺陷，本实用新型的目的是提供一种集手电筒和雨伞于一体的带手电筒的雨伞。

本实用新型的带手电筒的雨伞，包括伞盖与伞柄，所述伞柄底部为电池槽，所述电池槽的槽口安装有灯罩，所述灯罩内设置有小灯泡。

进一步的，所述小灯泡通过纽扣电池供电照明。

进一步的，所述伞柄一侧设置有控制小灯泡的开关。

借由上述方案，本实用新型至少具有以下优点：1. 雨伞自带手电筒，只用一只手就可以既打伞又照明，简单方便；2. 灯罩可以保护小灯泡；3. 结构简单，方便实用。

上述说明仅是本实用新型技术方案的概述，为了能够更清楚地了解本实用新型的技术手段，并可依照说明书的内容予以实施，以下以本实用新型的较佳实施例并配合附图详细说明如后。

附图说明

图1是本实用新型的带手电筒的雨伞的结构示意图。

图中附图标记说明：

1. 伞盖；2. 伞柄；3. 电池槽；4. 灯罩；5. 小灯泡；6. 纽扣电池；7. 开关。

具体实施方式

下面结合附图和实施例，对本实用新型的具体实施方式作进一步详细描述。以下实施例用于说明本实用新型，但不用来限制本实用新型的范围。

如图1所示，本实用新型一较佳实施例所述的带手电筒的雨伞，包括伞盖1与伞柄2，伞柄2底部为电池槽3，电池槽3的槽口安装有灯罩4，灯罩4内设置有小灯泡5，小灯泡5通过纽扣电池6供电照明，伞柄2一侧设置有控制小灯泡5的开关7。

下雨天时，打开开关7，小灯泡5就可以发亮，此时一只手就可以一边打伞一边照明。

该带手电筒的雨伞的优点在于：1. 雨伞自带手电筒，只用一只手就可以既打伞又照明，简单方便；2. 灯罩可以保护小灯泡；3. 结构简单，方便实用。

以上所述仅是本实用新型的优选实施方式，并不用于限制本实用新型。应当指出，对于本技术领域的普通技术人员来说，在不脱离本实用新型技术原理的前提下，还可以做出若干改进和变型，这些改进和变型也应视为本实用新型的保护范围。

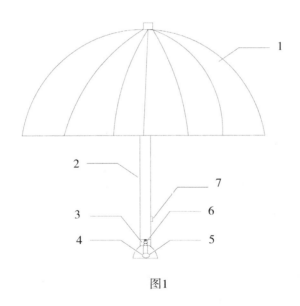

图1

学生发明实例5

"保温书包"

专利申请说明书及附图

申请人或专利权人：卢蝶

技术领域

本实用新型涉及一种书包，尤其涉及一种保温书包。

背景技术

随着生活水平的提高，人们越来越注重自己的身体健康，越来越多的人喜欢在上班或者上学的时候自己带饭，但是在没有微波炉或者加热工具的地方，等到吃饭的时候热乎乎的饭菜已经变成了凉的。

实用新型内容

为解决上述缺陷，本实用新型的目的是提供一种保温书包。

本实用新型的保温书包，包括包体、包盖与背带，所述背带设置在所述包体两侧，所述包体正面设置有充电式热水袋，充电插口外露在包体表面，所述包体内部中部设置有隔层，所述包体底部设置有活性炭。

进一步的，所述包体内层表面为防水材质。

进一步的，所述包体与包盖连接在一起，所述包体与包盖边缘通过拉链封闭。

借由上述方案，本实用新型至少具有以下优点：1.利用充电热水袋保温，可以重复充电，重复利用，保持环保；2.底部设置有活性炭，即使带饭书包也不会残留异味；3.内部表面为防水材质，即使饭菜不小心撒掉，也不会渗透到书包内层，容易清洗。

上述说明仅是本实用新型技术方案的概述，为了能够更清楚地了解本实用新型的技术手段，并可依照说明书的内容予以实施，以下以本实用新型的较佳实施例并配合附图详细说明如后。

附图说明

图1是本实用新型的保温书包的结构示意图。

图中附图标记说明：

1. 拉链；2. 充电式热水袋；3. 充电插口；4. 隔层；5. 背带；6. 活性炭；7. 包盖；8. 包体。

具体实施方式

下面结合附图和实施例，对本实用新型的具体实施方式作进一步详细描述。以下实施例用于说明本实用新型，但不用来限制本实用新型的范围。

如图1所示，本实用新型一较佳实施例所述的保温书包，包括包体8、包盖7与背带5，所述包体8正面设置有充电式热水袋2，通过充电式热水袋2的热量来保持饭菜或者其他需要保温的食物的温度，充电插口3外露在包体8表面，包体8内部中部设置有隔层4，将包体8内部分为前后两部分，可以将食物和书本分开盛放，包体8底部设置有活性炭6，可以去除异味。

包体8内层表面为防水材质，即使饭菜不小心撒掉，污渍也不会渗透到书包内层，比较容易清洗。

包体8与包盖7连接在一起，包体8与包盖7边缘通过拉链1封闭。

该保温书包的优点在于：1. 利用充电热水袋保温，可以重复充电，重复利用，保持环保。2. 底部设置有活性炭，即使带饭书包也不会残留异味。3. 内部表面为防水材质，即使饭菜不小心撒掉，也不会渗透到书包内层，容易清洗。

以上所述仅是本实用新型的优选实施方式，并不用于限制本实用新型，应当指出，对于本技术领域的普通技术人员来说，在不脱离本实用新型技术原理的前提下，还可以做出若干改进和变型，这些改进和变型也应视为本实用新型的保护范围。

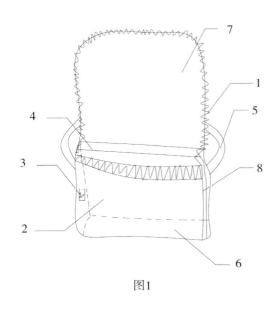

图1

学生发明实例6

"便携式咖啡打包盒"

专利申请说明书及附图

申请人或专利权人：谭世杰

技术领域

本实用新型涉及一种生活用品，尤其涉及一种便携式咖啡打包盒。

背景技术

随着生活水平的提高，咖啡受到越来越多人的喜爱，很多人喜欢闲暇时刻去喝杯咖啡，也有越来越多的年轻人喜欢在上班的路上买杯热热的咖啡，既提神又取暖，但是热乎乎的咖啡打包对很多人来说却是一件麻烦事，刚刚买的咖啡比较烫，而且配料的携带也是一个问题，现在使用的打包塑料袋，咖啡杯在里面不固定，咖啡很容易撒掉，造成浪费。

实用新型内容

为解决上述缺陷，本实用新型的目的是可以固定咖啡杯，分类放置配料的便携式咖啡打包盒。

本实用新型的便携式咖啡打包盒，包括盒体，所述盒体内中间位置设置有咖啡杯放置槽，所述咖啡杯放置槽旁边设置有吸管放置槽，所述咖啡杯放置槽左、右两侧分别设置有左配料放置槽和右配料放置槽，所述左配料放置槽外侧设置有左提手，所述右配料放置槽外侧设置有右提手。

进一步的，所述咖啡杯放置槽的左侧设置有凸棱，所述咖啡杯放置槽的右侧设置有与所述凸棱相匹配的凹槽。

进一步的，所述盒体采用可以循环使用的纸盒或塑料盒。

借由上述方案，本实用新型至少具有以下优点：1.分别设置有咖啡杯以及配料单独放置的地方，可以分类有序地放置；2.咖啡杯放置槽可以固定咖啡杯，避免咖啡撒掉；3.结构简单，制作成本低；4.可重复利用。

上述说明仅是本实用新型技术方案的概述，为了能够更清楚地了解本实用新型的技术手段，并可依照说明书的内容予以实施，以下以本实用新型的较佳实施例并配合附图详细说明如后。

附图说明

图1是本实用新型的便携式咖啡打包盒的结构示意图。

图中附图标记说明：

1. 左提手；2. 左配料放置槽；3. 凸棱；4. 咖啡杯放置槽；5. 吸管放置处；6. 凹槽；7. 右配料放置槽；8. 右提手；9. 盒体。

具体实施方式

下面结合附图和实施例，对本实用新型的具体实施方式作进一步详细描述。以下实施例用于说明本实用新型，但不用来限制本实用新型的范围。

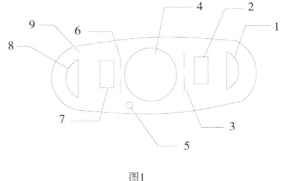

图1

如图1所示，本实用新型一较佳实施例所述的便携式咖啡打包盒，包括盒体9，盒体9内中间位置设置有咖啡杯放置槽4，咖啡杯放置槽4旁边设置有吸管放置处5，咖啡杯放置槽4左、右两侧分别设置有左配料放置槽2和右配料放置槽7，左配料放置槽2外侧设置有左提手1，所述右配料放置槽7外侧设置有右提手8。

咖啡杯放置槽4的左侧设置有凸棱3，咖啡杯放置槽4的右侧设置有与所述凸棱3相匹配的凹槽6，将咖啡被放进咖啡杯放置槽4后，将凸棱3与凹槽6扣在一起，固定住咖啡杯，此时的左配料放置槽2与右配料放置槽7移动到咖啡杯的顶部，放入配料即可。

盒体9采用可以循环使用的纸盒或塑料盒。

该便携式咖啡打包盒的优点在于：1. 分别设置有咖啡杯以及配料单独放置的地方，可以分类有序地放置；2. 咖啡杯放置槽可以固定咖啡杯，避免咖啡撒掉；3.结构简单，制作成本低；4.可重复利用。

以上所述仅是本实用新型的优选实施方式，并不用于限制本实用新型。应当指出，对于本技术领域的普通技术人员来说，在不脱离本实用新型技术原理的前提下，还可以做出若干改进和变型，这些改进和变型也应视为本实用新型的保护范围。

学生发明实例7 ●

"可利用太阳能发光的灯鞋"

专利申请说明书及附图

申请人或专利权人：舒莉蓉

技术领域

本实用新型涉及一种鞋，尤其涉及一种可利用太阳能发光的灯鞋。

背景技术

对于走夜路的人来说，虽说现在马路上基本都有路灯，但还是有某些小路没有路灯，或者路灯数量少光线弱，此时就需要借助手电筒，但是有时候手电筒携带也不方便。

实用新型内容

为解决上述缺陷，本实用新型的目的是提供一种可利用太阳能发光的灯鞋。

本实用新型所述可利用太阳能发光的灯鞋的鞋面两侧黏结有太阳能电池板，所述太阳板上设置有太阳能小灯泡，所述鞋面后方设置有开关。

进一步的，所述太阳能小灯泡黏结在所述太阳板上。

进一步的，所述太阳能灯泡外面设置有一层保护层。

借由上述方案，本实用新型至少具有以下优点：1.太阳能电池板白天接受太阳光照射储存电能，夜晚点亮灯泡可照明；2.灯泡外设置有保护层，可保护灯泡，即使鞋子脏了，依然可以保护灯泡；3.设有开关，可自行控制灯泡的亮与灭。

上述说明仅是本实用新型技术方案的概述，为了能够更清楚地了解本实用新型的技术手段，并可依照说明书的内容予以实施，以下以本实用新型的较佳实施例并配合附图详细说明如后。

附图说明

图1是本实用新型的可利用太阳能发光的灯鞋的结构示意图。

图中附图标记说明：

1. 太阳能电池板；2. 太阳能小灯泡；3. 保护层；4. 开关。

具体实施方式

下面结合附图和实施例，对本实用新型的具体实施方式作进一步详细描述。以下实施例用于说明本实用新型，但不用来限制本实用新型的范围。

如图1所示，本实用新型一较佳实施例所述的可利用太阳能发光的灯鞋，鞋面两侧粘黏结有太阳能电池板1，1上黏结有若干太阳能小灯泡2，太阳能灯泡2外面设置有一层保护层3，鞋面后方设置有开关4，白天太阳能电池板经太阳光照射，将太阳能转化为电能储存在太阳能电池板中，按下开关4可点亮太阳能小灯泡2，走夜路时可用于照明。

该可利用太阳能发光的灯鞋的优点在于：1. 太阳能电池板白天接受太阳光照射储存电能，夜晚点亮灯泡可照明；2. 灯泡外设置有保护层，可保护灯泡，即使鞋子脏了，依然可以保护灯泡；3. 设有开关，可自行控制灯泡的亮与灭。

以上所述仅是本实用新型的优选实施方式，并不用于限制本实用新型。应当指出，对于本技术领域的普通技术人员来说，在不脱离本实用新型技术原理的前提下，还可以做出若干改进和变型，这些改进和变型也应视为本实用新型的保护范围。

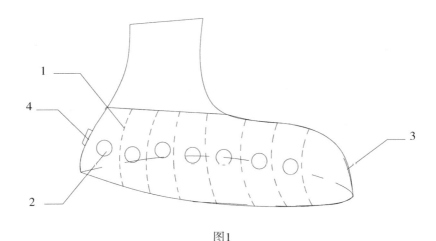

图1

学生发明实例8

"可伸缩多用书立"

专利申请说明书及附图

申请人或专利权人：周静宇

技术领域

本实用新型涉及一种书立，尤其涉及一种可伸缩多用书立。

背景技术

目前市面上所售的书立大小都是固定不可调节的，这样用户的书无论是很多还是比较少都会遇到麻烦，书多了，书立放不开，书少了，用书立有点多余，不用书立的话，书又会显得杂乱。

实用新型内容

为解决上述问题，本实用新型的目的是提供一种可自行调节书立数目及长度的可伸缩多用书立。

本实用新型的可伸缩多用书立，包括书立本体和书立板，所述书立本体中间位置设置有活动抽屉，活动抽屉两侧分别设置有若干书立板，所述书立本体底部前后边沿内侧设置有凹槽，所述书立本体在左、右两侧为对称的L形挡板，所述L形挡板的横板与所述凹槽相匹配，所述L形挡板的横板插入所述凹槽内。

进一步的，所述书立本体前后两侧上边沿设置有第一凸棱，所述书立板通过卡扣安装在所述第一凸棱上，所述卡扣可沿所述第一凸棱滑动。

进一步的，所述书立本体一侧设置有立式灯管，所述立式灯管连接有插头。

进一步的，所述L形挡板的横板前后两侧上边沿设置有第二凸棱，所述L形挡板的横板可沿所述凹槽滑动。

借由上述方案，本实用新型至少具有以下优点：1. 书立一侧设置有灯管，接通电源即可照明；2. 书立本体可伸缩，可自行控制书立板数目，以及书立长度，更加人性化；3. 活动抽屉增加了书立的收纳功能。

上述说明仅是本实用新型技术方案的概述，为了能够更清楚地了解本实用新型的技术手段，并可依照说明书的内容予以实施，以下以本实用新型的较佳实施例并配合附图详细说明如后。

附图说明

图1是本实用新型的可伸缩多用书立的结构示意图；

图2是图1所示的可伸缩多用书立拉伸后的结构示意图。

图中附图标记说明：

1. 立式灯管；2. 活动抽屉；3. 书立板；4. 第一凸棱；5. 卡扣；6. L形挡板；7. 插头；8. 第二凸棱。

具体实施方式

下面结合附图和实施例，对本实用新型的具体实施方式作进一步详细描述。以下实施例用于说明本实用新型，但不用来限制本实用新型的范围。

如图1和图2所示，本实用新型一较佳实施例所述的可伸缩多用书立，包括书立本体和书立板3，书立本体中间位置设置有活动抽屉2，活动抽屉可起到收纳功能，放置物品，活动抽屉2两侧分别设置有若干书立板3，书立本体底部前后边沿内侧设置有凹槽，书立本体在左、右两侧为对称的L形挡板6，L形挡板6的横板与凹槽相匹配，L形挡板6的横板插入凹槽内。

书立本体前后两侧上边沿设置有第一凸棱4，书立板3通过卡扣5安装在第一凸棱4上，卡扣5可沿第一凸棱4滑动，通过滑动卡扣5可调节两书立板3之间的距离，调节每个隔断间存放书籍的数量。

书立本体一侧设置有立式灯管1，立式灯管1连接有插头7，插头7插入电源插孔即可点亮立式灯管1，平时可作为台灯使用。

L形挡板6的横板前后两侧上边沿设置有第二凸棱8，L形挡板的横板可沿凹槽滑动，将L形挡板6分别向两边抽拉，即可增加书立长度，通过卡扣5将书立板3卡在第二凸棱8上。

在实际使用时，通过向左右两侧拉伸L形挡板6，可调节书立长度，增加书立的书籍存放量，通过调节卡扣5，可调节两个书立板3之间的距离，调整每个隔断的书籍存放量。

该可伸缩多用书立的优点在于：1. 书立一侧设置有灯管，接通电源即可照明；2. 书立本体可伸缩，可自行控制书立板数目，以及书立长度，更加人性化；3. 活动抽屉增加了书立的收纳功能。

以上所述仅是本实用新型的优选实施方式，并不用于限制本实用新型。应当指出，对于本技术领域的普通技术人员来说，在不脱离本实用新型技术原理的前提下，还可以做出若干改进和变型，这些改进和变型也应视为本实用新型的保护范围。

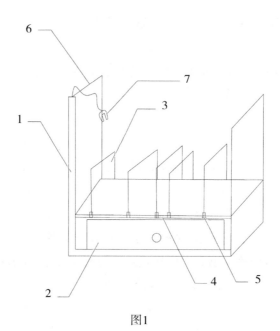

图1

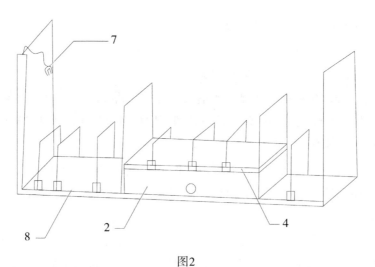

图2

学生发明实例9

"多功能清尘器"

专利申请说明书及附图

申请人或专利权人：杨雪

技术领域

本实用新型涉及一种家庭洗涤及清扫物品，尤其涉及一种多功能清尘器。

背景技术

现有技术中，常用的清尘器比较单一，一种清尘器只能固定打扫单一的几个地方，而且当打扫房间的时候常常遇到边边角角或者地方太高而无法清理的情况。

实用新型内容

为解决上述技术问题，本实用新型的目的是提供一种具有多种规格清洁头，并方便清洁高处的多功能清尘器。

本实用新型的多功能清尘器，包括可伸缩手柄和清洁头，所述清洁头安装在所述可伸缩手柄的端部位置，所述清洁头包括若干第一分支、第二分支和第三分支。

进一步的，所述可伸缩手柄上部设置有手柄控制按钮，所述可伸缩手柄下端设置有握把。

进一步的，所述清洁头为海绵材质。

借由上述方案，本实用新型至少具有以下优点：1. 清洁头具有不同规格的分支大大扩大了清尘器的可清洁范围；2. 通过可伸缩手柄可以更加安全方便地清理高处的灰尘。

上述说明仅是本实用新型技术方案的概述，为了能够更清楚了解本实用新型的技术手段，并可依照说明书的内容予以实施，以下以本实用新型的较佳实施例并配合附图详细说明如后。

附图说明

图1是本实用新型的多功能清尘器的结构示意图。

图中附图标记说明：

1. 清洁头；2. 握把；3. 可伸缩手柄；4. 手柄控制按钮；5. 第一分支；6. 第二分支；7. 第三分支。

具体实施方式

下面结合附图和实施例，对本实用新型的具体实施方式作进一步详细描述。以下实施例用于说明本实用新型，但不用来限制本实用新型的范围。

如图1所示，本实用新型一较佳实施例所述的多功能清尘器，包括可伸缩手柄3和清洁头1，清洁头1安装在可伸缩手柄3的端部位置，清洁头1包括若干第一分支5、第二分支6和第三分支7，所述清洁头1为海绵材质，可根据需要清理的地方或者物体的不同，选择合适的分支，可伸缩手柄3上部设置有手柄控制按钮4，当需要清理高处时，按下手柄控制按钮4，手柄便可伸长，最长可达3米，可伸缩手柄3下端设置有握把2。

该多功能清尘器的优点在于：1. 清洁头具有不同规格的分支大大扩大了清尘器的可清洁范围；2. 通过可伸缩手柄可以更加安全方便地清理高处的灰尘。

以上所述仅是本实用新型的优选实施方式，并不用于限制本实用新型。应当指出，对于本技术领域的普通技术人员来说，在不脱离本实用新型技术原理的前提下，还可以做出若干改进和变型，这些改进和变型也应视为本实用新型的保护范围。

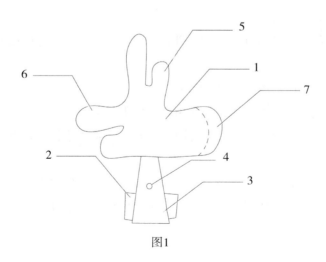

图1

学生发明实例10

"光电能眼镜"

专利申请说明书及附图

申请人或专利权人：马海恩

技术领域

本实用新型涉及一种眼镜，尤其涉及一种光电能眼镜。

背景技术

很多人需要或者喜欢在晚上读书，由于有些电灯的光线较弱或者读书的位置光源来自单一方向，时间久了会对读者的眼睛造成伤害，容易得近视或其他眼部疾病。

实用新型内容

为解决上述技术问题，本实用新型的目的是提供一种利于在光线较弱情况下使用的光电能眼镜。

本实用新型的光电能眼镜，包括镜架和镜片，所述镜架的镜腿上分别设置有灯泡，所述灯泡旁边设置有控制灯泡的亮与灭的开关，所述灯泡通过线路与所述开关连接。

进一步的，所述灯泡通过固定带固定在所述镜腿上。

进一步的，所述连接线路以及所述开关通过焊接固定在所述镜腿上。

借出上述方案，本实用新型至少具有以下优点：1. 在眼镜的镜腿上设置灯泡后，在光线较弱情况下，依然可以依靠镜腿上灯泡发出的光看清周围；2. 可以避免晚上照明光线只从一个角度照射对人眼造成的伤害。

上述说明仅是本实用新型技术方案的概述，为了能够更清楚了解本实用新型的技术手段，并可依照说明书的内容予以实施，以下以本实用新型的较佳实施例并配合附图详细说明如后。

附图说明

图1是本实用新型的光电能眼镜结构示意图。

图中附图标记说明：

1. 镜腿；2. 灯泡；3. 开关；4. 固定带。

具体实施方式

下面结合附图和实施例，对本实用新型的具体实施方式作进一步详细描述。以下实施例用于说明本实用新型，但不用来限制本实用新型的范围。

如图1所示，本实用新型一较佳实施例所述的光电能眼镜，包括镜架和镜片，镜架的镜腿1上分别设置有灯泡2，灯泡2旁边设置有控制灯泡2的亮与灭的开关3，灯泡2通过线路与开关3连接，按一下开关3便可点亮灯泡，再按一下开关3灯泡就可以熄灭。

灯泡2通过固定带4固定在镜腿1上。

连接线路以及开关3通过焊接固定在镜腿1上。

该光电能眼镜的优点在于：1. 在眼镜的镜腿上设置灯泡后，在光线较弱情况下，依然可以依靠镜腿上灯泡发出的光看清周围；2. 可以避免晚上照明光线只从一个角度照射对人眼造成的伤害。

以上所述仅是本实用新型的优选实施方式，并不用于限制本实用新型。应当指出，对于本技术领域的普通技术人员来说，在不脱离本实用新型技术原理的前提下，还可以做出若干改进和变型，这些改进和变型也应视为本实用新型的保护范围。

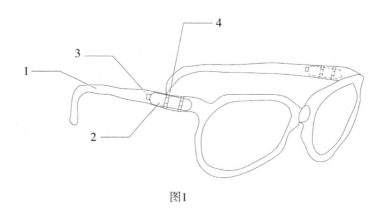

图1

学生发明实例11

"太阳能登山包"

专利申请说明书及附图

申请人或专利权人：吴星宇

技术领域

本实用新型涉及一种背包，尤其涉及一种太阳能登山包。

背景技术

对于喜欢登山或旅行的人来说，长时间在外面经常会遇到手机或者移动电源没电的情况，但是在外面又没有充电的地方。

实用新型内容

为解决上述缺陷，本实用新型的目的是提供一种可以在白天将太阳能转化为电能的太阳能登山包。

本实用新型的太阳能登山包，包括包体和背带，所述包体顶部内侧设置有太阳能电池板，所述包体正面内侧设置有灯板，所述包体两侧内部设置有移动电源，所述移动电源和灯板分别与所述太阳能电池板通过线路连接。

进一步的，所述包体材料为透光度良好的材质。

借由上述方案，本实用新型至少具有以下优点：1. 太阳能电池板白天经太阳光照射，将太阳能转化为电能储存起来；2. 自带移动电源，储存的电能一部分可自动为移动电源充电；3. 正面安装有灯板，可在夜晚照明用。

上述说明仅是本实用新型技术方案的概述，为了能够更清楚了解本实用新型的技术手段，并可依照说明书的内容予以实施，以下以本实用新型的较佳实施例并配合附图详细说明如后。

附图说明

图1是本实用新型的太阳能登山包的结构示意图。

图中附图标记说明：

1. 包体；2. 背带；3. 太阳能电池板；4. 灯板；5. 移动电源。

具体实施方式

下面结合附图和实施例，对本实用新型的具体实施方式作进一步详细描述。以下实施例用于说明本实用新型，但不用来限制本实用新型的范围。

如图1所示，本实用新型一较佳实施例所述的太阳能登山包，包括包体1和背带2，包体1顶部内侧设置有太阳能电池板3，包体1正面内侧设置有灯板4，包体1两侧内部分别设置有移动电源5，移动电源5和灯板4分别与太阳能电池板3通过线路连接，包体1材料为透光度良好的材质。

白天太阳能电池板3经阳光照射，将太阳能转化为电能储存起来，一部分可以为移动电源5充电，一部分可以供灯板4工作。

该太阳能登山包优点在于：1.太阳能电池板白天经太阳光照射，将太阳能转化为电能储存起来；2.自带移动电源，储存的电能一部分可自动为移动电源充电；3.正面安装有灯板，可在夜晚照明用。

以上所述仅是本实用新型的优选实施方式，并不用于限制本实用新型，应当指出，对于本技术领域的普通技术人员来说，在不脱离本实用新型技术原理的前提下，还可以做出若干改进和变型，这些改进和变型也应视为本实用新型的保护范围。

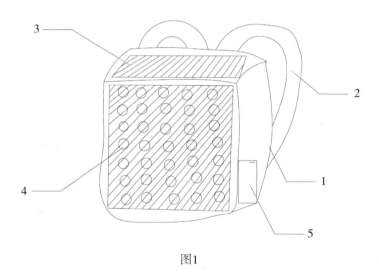

图1

学生发明实例12

"多功能橡皮盒"

专利申请说明书及附图

申请人或专利权人：张扬

技术领域

本实用新型涉及一种文具，尤其涉及一种多功能橡皮盒。

背景技术

橡皮是学习时需要经常用到的工具，但由于缺少专门的盛放工具很容易丢失，并且橡皮用后留下的橡皮屑也没有专门的收集清扫工具。

实用新型内容

为解决上述缺陷，本实用新型的目的是提供一种多功能橡皮盒。

本实用新型的多功能橡皮盒，包括盒体和与之相匹配的盒盖，所述盒体分为上、下两个空腔，所述上方空腔盒口安装有橡皮，所述下方空腔底部底盖可掀起，所述盒盖顶部设置有凹槽，所述凹槽内盛放有小毛刷。

进一步的，所述盒体和所述盒盖为塑料制品。

借由上述方案，本实用新型至少具有以下优点：1.橡皮安装在盒口，使用时比较方便；2.橡皮变小后可以放在上方空腔当中防止丢失；3.下方空腔可以盛放橡皮屑，也可以放置备用橡皮；4.配备有小毛刷，可以及时清理橡皮屑。

上述说明仅是本实用新型技术方案的概述，为了能够更清楚了解本实用新型的技术手段，并可依照说明书的内容予以实施，以下以本实用新型的较佳实施例并配合附图详细说明如后。

附图说明

图1是本实用新型的多功能橡皮盒的盒体的结构示意图；

图2是与图1所示的多功能橡皮盒的盒体相适配的盒盖的结构示意图。

图中附图标记说明：

1.橡皮；2.盒体；3.底盖；4.盒盖；5.凹槽；6.小毛刷。

具体实施方式

下面结合附图和实施例，对本实用新型的具体实施方式作进一步详细描述。以下实施例用于说明本实用新型，但不用来限制本实用新型的范围。

参见图1与图2，本实用新型一较佳实施例所述的多功能橡皮盒，包括盒体2和与之相匹配的盒盖3，盒体2和盒盖3均为塑料制品，盒体2分为上、下两个空腔，上方空腔盒口安装有橡皮1，橡皮用小了以后可以放在上方空腔，防止丢失，下方空腔底部底盖3可掀起，可以往下方的空腔里面放备用橡皮或者盛放橡皮屑，盒盖4顶部设置有凹槽5，凹槽5内盛放有小毛刷6，小毛刷6可以用来清扫橡皮屑。

该多功能橡皮盒的的优点在于：1.橡皮安装在盒口，使用时比较方便；2.橡皮变小后可以放在上方空腔当中防止丢失；3.下方空腔可以盛放橡皮屑，也可以放置备用橡皮；4.配备有小毛刷，可以及时清理橡皮屑。

以上所述仅是本实用新型的优选实施方式，并不用于限制本实用新型，应当指出，对于本技术领域的普通技术人员来说，在不脱离本实用新型技术原理的前提下，还可以做出若干改进和变型，这些改进和变型也应视为本实用新型的保护范围。

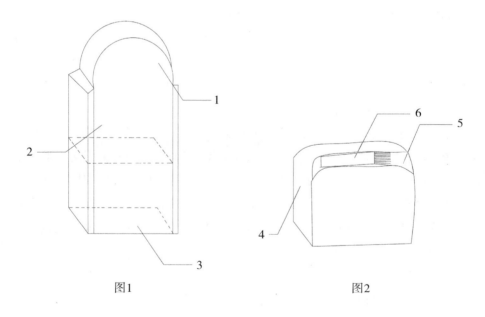

图1　　　　　　　　　　　图2

学生发明实例13

"多功能乒乓球桌"

专利申请说明书及附图

申请人或专利权人：夏志航

技术领域

本实用新型涉及一种体育用品，尤其涉及一种多功能乒乓球桌。

背景技术

乒乓球运动是我国最受欢迎、普及最广的体育运动项目之一，由于目前的乒乓球桌功能比较单一，随着越来越多的人投入到乒乓球运动当中，人们对乒乓球桌的要求也越来越高。

实用新型内容

为解决上述缺陷，本实用新型的目的是提供一种带收纳抽屉和滚轮的多功能乒乓球桌。

本实用新型的多功能乒乓球桌，包括桌面、桌腿和球网，所述球网固定在所述桌面的中间位置，所述桌腿分别固定在桌面的下方，在所述桌面的下方、所述桌腿之间设置有若干抽屉，所述桌腿底部设置有滚轮。

进一步的，所述抽屉通过滑轨安装在所述桌面下方。

进一步的，所述滚轮的旁边设置有锁死装置。

借由上述方案，本实用新型至少具有以下优点：1.桌面下方设置有若干抽屉，给球桌增加了收纳的功能，使用方便；2.桌腿底部设置有滚轮，使球桌方便移动，锁死装置可以在不需要移动球桌的时候锁死滚轮，增加球桌的稳定性；3.结构简单，成本低廉。

上述说明仅是本实用新型技术方案的概述，为了能够更清楚了解本实用新型的技术手段，并可依照说明书的内容予以实施，以下以本实用新型的较佳实施例并配合附图详细说明如后。

附图说明

图1是本实用新型的多功能的乒乓球桌的结构示意图。

图中附图标记说明：

1.桌面；2.球网；3.桌腿；4.抽屉；5.滚轮；6.锁死装置。

具体实施方式

下面结合附图和实施例，对本实用新型的具体实施方式作进一步详细描述。以下实施例用于说明本实用新型，但不用来限制本实用新型的范围。

如图1所示，本实用新型一较佳实施例所述的多功能的乒乓球桌，包括桌面1、桌腿3和球网2，球网2固定在桌面1的中间位置，桌腿3分别固定在桌面1的下方，在桌面1的下方、桌腿3之间设置有若干抽屉4，抽屉4通过滑轨安装在桌面1的下方，桌腿3的底部设置有滚轮5，滚轮5旁边设置有锁死装置6。

使用时，只要将抽屉4从桌面1的下方抽出，便可以在抽屉4内放置球拍、乒乓球以及水杯等物品，要移动球桌时，将锁死装置6打开，利用滚轮5移动球桌，移动完后将滚轮5锁死，球桌就不会再移动。

该多功能的乒乓球桌的优点在于：1.桌面下方设置有若干抽屉，给球桌增加了收纳的功能，使用方便；2.桌腿底部设置有滚轮，使球桌方便移动，锁死装置可以在不需要移动球桌的时候锁死滚轮，增加球桌的稳定性；3.结构简单，成本低廉。

以上所述仅是本实用新型的优选实施方式，并不用于限制本实用新型，应当指出，对于本技术领域的普通技术人员来说，在不脱离本实用新型技术原理的前提下，还可以做出若干改进和变型，这些改进和变型也应视为本实用新型的保护范围

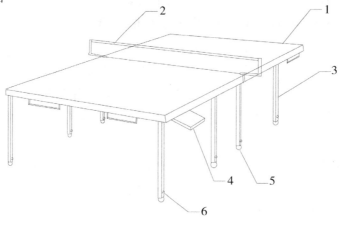

图1

学生发明实例14

"便携水瓶书包"

专利申请说明书及附图

申请人或专利权人：王姝月

技术领域

本实用新型涉及一种书包，尤其涉及一种便携水瓶书包。

背景技术

目前，市场上的双肩背包两边都设计有侧兜，大家习惯把水瓶放在侧兜里面，但有时候水瓶会从侧兜里掉出来，另外取水瓶喝水也不方便。

实用新型内容

为解决上述技术问题，本实用新型的目的是提供一种方便喝水的便携水瓶书包。

本实用新型的便携水瓶书包，包括包体与肩带，所述包体的一侧设置有水瓶固定带，所述固定带固定有水瓶，所述水瓶设置有吸管，与所述水瓶相同侧的肩带上设置有吸管嵌入器。

进一步的，所述包体材料为防水尼龙材质。

借由上述方案，本实用新型至少具有以下优点：1. 水瓶固定在书包一侧，水瓶不容易掉落或者丢失。2. 吸管的设计，用户喝水时可以不用再去拿水瓶，喝水更加方便。3. 肩带设计有吸管嵌入器，既可以固定吸管，又可以保持吸管干净。

上述说明仅是本实用新型技术方案的概述，为了能够更清楚了解本实用新型的技术手段，并可依照说明书的内容予以实施，以下以本实用新型的较佳实施例并配合附图详细说明如后。

附图说明

图1是本实用新型的便携水瓶书包的结构示意图；

图2是图1所示的便携水瓶书包的侧视图。

图中附图标注说明：

1. 吸管嵌入器；2. 肩带；3. 包体；4. 水瓶；5. 水瓶固定带；6. 吸管。

具体实施方式

下面结合附图和实施例，对本实用新型的具体实施方式作进一步详细描述。以下实施例用于说明本实用新型，但不用来限制本实用新型的范围。

如图1和图2所示，本实用新型一较佳实施例所述的便携水瓶书包，包括包体3与肩带2，包体3的一侧设置有水瓶固定带5，水瓶固定带5固定有水瓶4，水瓶4设置有吸管6，与水瓶4相同侧的肩带2上设置有吸管嵌入器1。用户想喝水时，直接将吸管6的一头从吸管嵌入器1中取下即可，不用时可以再将吸管6插入吸管嵌入器1中固定。

包体3材质为防水尼龙。

该种便携水瓶书包至少具有以下优点：1. 水瓶固定在书包一侧，水瓶不容易掉落或者丢失；2. 吸管的设计，用户喝水时可以不用再去拿水瓶，喝水更加方便；3. 肩带设计有吸管嵌入器，既可以固定吸管，又可以保持吸管干净。

以上所述仅是本实用新型的优选实施方式，并不用于限制本实用新型，应当指出，对于本技术领域的普通技术人员来说，在不脱离本实用新型技术原理的前提下，还可以做出若干改进和变型，这些改进和变型也应视为本实用新型的保护范围。

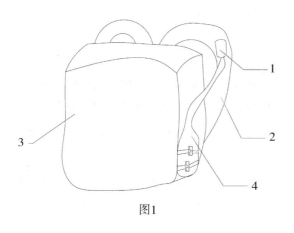

图1

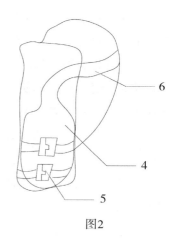

图2

学生发明实例15

"可粘贴式雨伞"

专利申请说明书及附图

申请人或专利权人：童彭

技术领域

本实用新型涉及一种雨伞，尤其涉及一种可粘贴式雨伞。

背景技术

现在使用的各种雨伞，很多人习惯随意放置，如果不是有良好的收纳习惯，在需要使用时不方便找到。

实用新型内容

为解决上述技术问题，本实用新型的目的是提供一种方便放置的可粘贴式雨伞。

可粘贴式雨伞，包括伞面和伞把，所述雨伞附带有可粘在墙上的母粘贴块，所述伞面上设置有可将伞体粘贴在母粘贴块上的子粘贴块。

借由上述方案，本实用新型的可粘贴式雨伞在不使用时可以通过母粘贴块和子粘贴块将伞体粘贴在墙上，方便下次使用。

上述说明仅是本实用新型技术方案的概述，为了能够更清楚了解本实用新型的技术手段，并可依照说明书的内容予以实施，以下以本实用新型的较佳实施例并配合附图详细说明如后。

附图说明

图1是本实用新型的可粘贴式雨伞的结构示意图；

图2是图1所示的可粘贴式雨伞的母粘贴块的结构示意图。

图中附图标记的说明：

1.母粘结块；2.子粘贴块；3.伞面。

具体实施方式

下面结合附图和实施例，对本实用新型的具体实施方式作进一步详细描述。以下实施例用于说明本实用新型，但不用来限制本实用新型的范围。

如图1和图2所示，本实用新型一较佳实施例所述的可粘贴式雨伞，包括伞面和伞把，本雨伞附带有可粘在墙上的母粘贴块1，伞面3上设置有可将伞体粘贴在母粘贴块1上的子粘贴块2。

将母粘贴块1粘在墙上方便的位置，然后将子粘结块2粘到母粘结块1上即可。

本实用新型的可粘贴式雨伞在不使用时可以通过母粘贴块和子粘贴块将伞体粘贴在墙上，方便下次使用。

以上所述仅是本实用新型的优选实施方式，并不用于限制本实用新型，应当指出，对于本技术领域的普通技术人员来说，在不脱离本实用新型技术原理的前提下，还可以做出若干改进和变型，这些改进和变型也应视为本实用新型的保护范围。

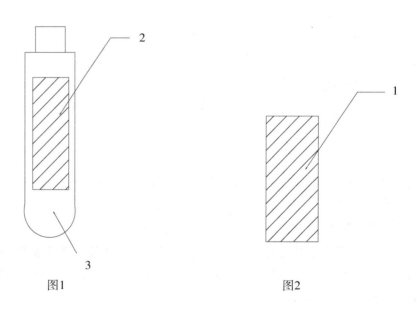

图1　　　　　　　　　　图2

学生发明实例16

"集泳镜泳帽和鼻塞于一体的游泳套装"

专利申请说明书及附图

申请人或专利权人：曹森

技术领域

本实用新型涉及一种游泳辅助器具，尤其涉及一种集泳镜泳帽和鼻塞于一体的游泳套装。

背景技术

游泳的时候需要戴泳帽、泳镜还有鼻夹，这些零零碎碎的东西要准备专门的东西存放，否则像鼻夹这样的小部件，很容易就会找不到，另外长时间带鼻夹的话，会对鼻子造成伤害。

实用新型内容

为解决上述缺陷，本实用新型的目的是提供一种集泳镜泳帽和鼻塞于一体的游泳套件。

本实用新型是集泳镜泳帽和鼻塞于一体的游泳套装，包括泳帽、泳镜和两个耳罩，所述泳帽左右两侧延伸出接口，所述耳罩的上端分别向上延伸出直管，所述直管套入所述接口并与所述接口固定在一起，所述泳镜的两端分别套接在所述直管上，所述耳罩的下端向下延伸出弯管，所述弯管的末端分别设置有鼻塞。

进一步的，所述泳镜设置有有弹性的头带，所述泳镜镜框两端分别向外延伸出耳扣，所述头带两端分别穿过所述耳扣向后折回固定，形成环扣，所述环扣套接在所述耳罩的直管上。

进一步的，所述耳罩的弯管以及鼻塞均为软性材料。

借由上述方案，本实用新型至少具有以下优点：1. 将游泳常用的各种配件集为一体，使用与收纳方便，避免较小部件的丢失；2. 泳镜设置有弹性头带、可根据人头的大小，自行调节松紧度，增加了佩戴的舒适度；3. 用鼻塞代替鼻夹，避免长时间佩戴对鼻子造成伤害；4. 弯管和鼻塞采用软性材料，可随意弯折，使用更灵活。

上述说明仅是本实用新型技术方案的概述，为了能够更清楚了解本实用新型的技术手段，并可依照说明书的内容予以实施，以下以本实用新型的较佳实施例并配合附图详细说明如后。

附图说明

图1是本实用新型的集泳镜泳帽和鼻塞于一体的游泳套装的结构示意图；

图2是图1所示的集泳镜泳帽和鼻塞于一体的游泳套装的泳镜的结构示意图。

图中附图标记说明：

1. 泳帽；2. 泳镜；3. 耳罩；4. 弯管；5. 鼻塞；6. 接口；7. 直管；8. 耳扣；9. 环扣；10. 头带。

具体实施方式

下面结合附图和实施例，对本实用新型的具体实施方式作进一步详细描述。以下实施例用于说明本实用新型，但不用来限制本实用新型的范围。

如图1与图2所示，本实用新型一较佳实施例所述的集泳镜泳帽和鼻塞于一体的游泳套装，包括泳帽1、泳镜2和两个耳罩3，泳帽1左右两侧延伸出接口6，

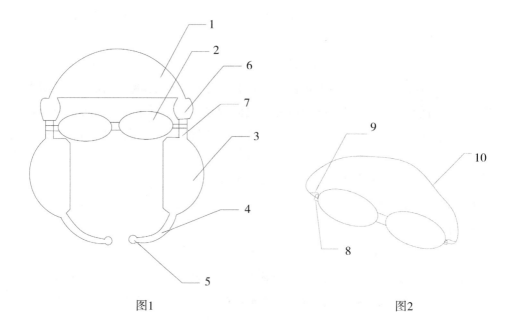

图1   图2

耳罩3的上端分别向上延伸出直管7，直管7套入接口6并与接口6固定在一起，泳镜2两端分别套接在直管7上，耳罩3下端分别向下延伸出弯管4，弯管4末端分别设置有鼻塞5。

泳镜2设置有有弹性的头带10，泳镜2的镜框两端分别向外延伸出耳扣8，头带10两端分别穿过耳扣8向后折回固定，形成环扣9，环扣9套接在耳罩3的直管7上。

耳罩3的弯管4以及鼻塞5均为软性材料，可随意弯折使其与人鼻更接近与贴合，使用时，将弯管4向内弯折，将鼻塞5塞入鼻孔内，可避免游泳时鼻子进水，造成呛水，不想使用鼻塞5时，可随时将鼻塞5取出，将弯管4弯折到一边。

该游泳套装的优点在于：1. 将游泳常用的各种配件集为一体，使用与收纳方便，避免较小部件的丢失；2. 泳镜设置有弹性头带、可根据人头的大小，自行调节松紧度，增加了佩戴的舒适度；3. 用鼻塞代替鼻夹，避免长时间佩戴对鼻子造成伤害；4. 弯管和鼻塞采用软性材料，可随意弯折，使用更灵活。

以上所述仅是本实用新型的优选实施方式，并不用于限制本实用新型，应当指出，对于本技术领域的普通技术人员来说，在不脱离本实用新型技术原理的前提下，还可以做出若干改进和变型，这些改进和变型也应视为本实用新型的保护范围。

学生发明实例17

"减振工地安全帽"

专利申请说明书及附图

申请人或专利权人：张淼

技术领域

本实用新型涉及一种安全帽，尤其涉及一种减振工地安全帽。

背景技术

目前，各行业使用的安全帽只是一种简单的单层塑料帽，尤其是对于建筑工地的人员来说，如果上方的掉落物砸下，帽子根本没有缓冲作用，下砸力直接作用在人头上，仍然会危及人的生命。

实用新型内容

为解决上述缺陷，本实用新型的目的是提供一种能够减小掉落物作用力的减振工地安全帽。

本实用新型的减振工地安全帽，包括帽壳和帽里，所述帽壳下面设置有橡胶层，所述橡胶层下面设置有弹簧，所述弹簧下面设置有海绵层，所述海绵层下面为帽里。

进一步的，所述帽壳为强度高的硬质塑料材质。

借由上述方案，本实用新型至少具有以下优点：1. 帽壳为强度比较高的硬质塑料，一定程度下可以对人的头部起到保护作用；2. 橡胶层可以将掉落的较小的物体弹开，即使掉落的物体较大，也可以起到一定的减振作用；3. 弹簧和海绵层可以起到很好的减振作用。

上述说明仅是本实用新型技术方案的概述，为了能够更清楚了解本实用新型的技术手段，并可依照说明书的内容予以实施，以下以本实用新型的较佳实施例并配合附图详细说明如后。

附图说明

图1是本实用新型的减振工地安全帽的结构示意图。

图中附图标记说明：

1. 帽壳；2. 橡胶层；3. 弹簧；4.海绵层；5. 帽里。

具体实施方式

下面结合附图和实施例，对本实用新型的具体实施方式作进一步详细描述。以下实施例用于说明本实用新型，但不用来限制本实用新型的范围。

如图1所示，本实用新型一较佳实施例所述的减振工地安全帽，包括帽壳1和帽里5，帽壳1为强度比较高的硬质塑料，帽壳1下面设置有橡胶层2，橡胶层2下面设置有弹簧3，弹簧3下面设置有海绵层4，海绵层4下面为帽里5。

该减振工地安全帽的优点在于：1. 帽壳为强度比较高的硬质塑料，一定程度下可以对人的头部起到保护作用；2. 橡胶层可以将掉落的较小的物体弹开，即使掉落的物体较大，也可以起到一定的减振作用；3. 弹簧和海绵层可以起到很好的减振作用。

以上所述仅是本实用新型的优选实施方式，并不用于限制本实用新型，应当指出，对于本技术领域的普通技术人员来说，在不脱离本实用新型技术原理的前提下，还可以做出若干改进和变型，这些改进和变型也应视为本实用新型的保护范围。

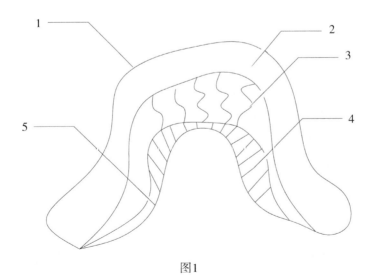

图1

学生发明实例18

"压力暖脚鞋"

专利申请说明书及附图

申请人或专利权人：谢先勇

技术领域

本实用新型涉及一种保暖鞋，尤其涉及一种压力暖脚鞋。

背景技术

冬天，大家为了保暖都习惯穿靴子，但是有的靴子既笨重又难看，而好看的鞋子又不保温。

实用新型内容

为解决上述缺陷，本实用新型的目的是提供一种既保温又轻便的压力暖脚鞋。

本实用新型压力暖脚鞋，包括鞋面与鞋底，所述鞋底包括上鞋底和下鞋底，所述上鞋底和下鞋底之间设置有微型压力感应装置，所述上鞋底的底面设置有发热纤维丝，在上鞋底中间位置设置有电能储存装置，所述电能储存装置与所述发热纤维丝相连接。

进一步的，所述微型压力感应装置材料压电晶体。

进一步的，所述上鞋底材料为导热良好的传热板。

进一步的，所述下鞋底为柔韧性好的橡胶材质。

借由上述方案，本实用新型至少具有以下优点：1. 利用脚与微型压力感应装置之间的压力发电、发热，将动能转化为电能再转化为热能，既环保又可以起到很好的保温效果；2. 没有厚重的皮毛以及鞋底，既简单轻便又大方；3. 制作成本低，应用广泛。

上述说明仅是本实用新型技术方案的概述，为了能够更清楚了解本实用新型的技术手段，并可依照说明书的内容予以实施，以下以本实用新型的较佳实施例并配合附图详细说明如后。

附图说明

图1是本实用新型的压力暖脚鞋的结构示意图。

图中附图标记说明：

1.微型压力感应装置；2.下鞋底；3.上鞋底；4.发热纤维丝；5.电能储存装置。

具体实施方式

下面结合附图和实施例，对本实用新型的具体实施方式作进一步详细描述。以下实施例用于说明本实用新型，但不用来限制本实用新型的范围。

如图1所示，本实用新型一较佳实施例所述压力暖脚鞋，包括鞋面与鞋底，鞋底包括上鞋底3和

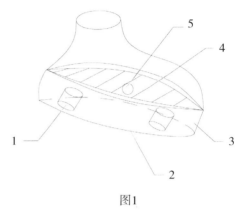

图1

下鞋底2，上鞋底3和下鞋底2之间设置有微型压力感应装置1，上鞋底3材料为压电晶体，上鞋底3底面设置有发热纤维丝4，在上鞋底中间位置设置有电能储存装置5，电能储存装置5与发热纤维丝4相连接。

微型压力感应装置1材料为压电晶体。

上鞋底3材料为导热良好的传热板。

下鞋底2为柔韧性好的橡胶材质。

人在走路时通过挤压压电晶体的微型压力感应装置1，压电晶体产生压电效应，对晶体进行挤压，晶体内部由于分子极化产生正负电荷，将压力转化为电能，产生的电能储存到电能储存装置5，电能储存装置5与发热纤维丝4连接，发热纤维丝4将电能转化为热能，导热良好的上鞋底3将热能传到人的脚部，从而达到保暖的效果。

该压力暖脚鞋的优点在于：1.利用脚与微型压力感应装置之间的压力发电、发热，将动能转化为电能再转化为热能，既环保又可以起到很好的保温效果；2.没有厚重的皮毛以及鞋底，既简单轻便又大方；3.制作成本低，应用广泛。

以上所述仅是本实用新型的优选实施方式，并不用于限制本实用新型，应当指出，对于本技术领域的普通技术人员来说，在不脱离本实用新型技术原理的前提下，还可以做出若干改进和变型，这些改进和变型也应视为本实用新型的保护范围。

学生发明实例19

"整理型课桌"

专利申请说明书及附图

申请人或专利权人：闵涵

技术领域

本实用新型涉及学校课桌，尤其是涉及一种整理型课桌。

背景技术

目前，学校使用的课桌大概有两种形式，一种是桌面是合页式可掀起的，另一种是桌洞开口设置在课桌正面，这两种课桌存在的缺陷在于，课桌桌洞都是一个，中间没有分层或隔板，东西多了容易混淆，特别是对于高中生来说，高中生课程紧张，各门课程的各种参考书、考试试卷数量很多，如果在平时不能分门别类整理好的话，会使得桌洞内杂乱无章，很难找到需要的试卷。

实用新型内容

为解决上述技术问题，本实用新型的目的是提供一种可以分门别类放置各种书籍试卷的整理型课桌。

本实用新型的整理型课桌，包括桌面、桌洞和桌腿，所述桌洞内设置有隔板，所述隔板将所述桌洞分为两部分，所述隔板上设置有若干第一限位孔，在与所述隔板相对一侧的桌洞壁上设置有若干与所述第一限位孔相平行的第二限位孔，平行的第一限位孔与第二限位孔之间设置有夹板。

进一步的，所述夹板为焊接而成的金属板。

借由上述方案，本实用新型至少具有以下优点：1.用夹板将课桌有限的空间多样化，可以分门别类的放置各类书籍试卷；2.整个方案设计简单，方便实现。

上述说明仅是本实用新型技术方案的概述，为了能够更清楚了解本实用新型的技术手段，并可依照说明书的内容予以实施，以下以本实用新型的较佳实施例并配合附图详细说明如后。

附图说明

图1是本实用新型的整理型课桌结构示意图。

图中的附图标记说明：

1. 桌洞；2. 夹板；3. 隔板。

具体实施方式

下面结合附图和实施例，对本实用新型的具体实施方式作进一步详细描述。以下实施例用于说明本实用新型，但不用来限制本实用新型的范围。

如图1所示，本实用新型一较佳实施例所述的整理型课桌，包括桌面、桌洞1和桌腿，桌洞1内设置有隔板3，隔板3将桌洞1分为两部分，隔板3上设置有若干第一限位孔，与隔板3相对一侧的桌洞壁上设置有若干与第一限位孔相平行的第二限位孔，平行的第一限位孔与第二限位孔之间设置有夹板2，夹板2将有限的桌洞空间分成了若干层。

夹板2为焊接而成的金属板。

该整理型课桌的优点在于：1. 在桌洞内设置夹板后，将课桌有限的空间多样化，可以分门别类的放置各类书籍试卷；2. 整个方案设计简单，方便实现。

以上所述仅是本实用新型的优选实施方式，并不用于限制本实用新型，应当指出，对于本技术领域的普通技术人员来说，在不脱离本实用新型技术原理的前提下，还可以做出若干改进和变型，这些改进和变型也应视为本实用新型的保护范围。

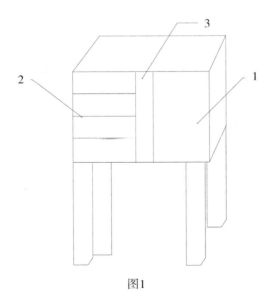

图1

学生发明实例20

"适用于多种笔头的万能笔盖"

专利申请说明书及附图

申请人或专利权人：赵欣玥

技术领域

本实用新型涉及一种笔盖，尤其涉及一种可适用于多种笔头的万能笔盖。

背景技术

现在使用的很多笔都带有笔盖，由于笔盖比较小，很容易丢失，因为丢失笔盖的笔既不美观，携带也不方便，不宜放在书包或者衣服口袋里，所以很多人在笔盖丢失之后，往往也会丢弃这支笔，这样容易造成浪费。

实用新型内容

为解决上述问题，本实用新型的目的是提供一种结构简单、可适用于多种笔头的万能笔盖。

本实用新型的适用于多种笔头的万能笔盖，包括笔盖本体和笔夹，所述笔盖本体内设置有弹簧卡槽，所述弹簧卡槽内设置有弹簧圈。

进一步的，所述笔盖本体侧面设置有笔夹。

借由上述方案，本实用新型至少具有以下优点：1.笔盖内弹簧圈的设计使该笔帽可以适用于多种笔头，在笔的原笔盖丢失后，该笔盖可代替原笔盖使用；2.结构简单、制作成本低廉。

上述说明仅是本实用新型技术方案的概述，为了能够更清楚了解本实用新型的技术手段，并可依照说明书的内容予以实施，以下以本实用新型的较佳实施例并配合附图详细说明如后。

附图说明

图1是本实用新型的可适用于多种笔头的万能笔盖结构示意图。

图中附图标注说明：

1.笔夹；2.笔盖本体；3.弹簧卡槽；4.弹簧圈。

具体实施方式

下面结合附图和实施例，对本实用新型的具体实施方式作进一步详细描述。以下实施例用于说明本实用新型，但不用来限制本实用新型的范围。

参见图1，本实用新型一较佳实施例所述的可适用于多种笔头的万能笔盖，包括笔盖本体2和笔夹1，笔盖本体2内设置有弹簧卡槽3，弹簧卡槽3内设置有弹簧圈4，笔盖本体2侧面设置有笔夹1，可以通过笔夹1将笔夹在书页或口袋上。

使用时，笔头伸入笔盖后会挤压弹簧圈4，弹簧齿卡死笔头使笔盖牢牢安装在笔头上。

该种笔盖的优点在于：1. 笔盖内弹簧圈的设计使该笔盖可以适用于多种笔头，在笔的原笔盖丢失后，该笔盖可代替原笔盖使用；2. 结构简单、制作成本低廉。

以上所述仅是本实用新型的优选实施方式，并不用于限制本实用新型，应当指出，对于本技术领域的普通技术人员来说，在不脱离本实用新型技术原理的前提下，还可以做出若干改进和变型，这些改进和变型也应视为本实用新型的保护范围。

图1

"自带洗洁精的饭盒"

专利申请说明书及附图

申请人或专利权人：方虹霁

技术领域

本实用新型涉及一种饭盒，尤其涉及一种自带洗洁精的饭盒。

背景技术

随着生活水平的提高，大家越来越注重健康饮食，很多人喜欢上班或上学自己带饭，但是对于上班族或者上学族，饭盒的清洗却是一件麻烦事，因为每次去清洗都要带着一大瓶洗洁精。

实用新型内容

为解决上述技术问题，本实用新型的目的是提供一种方便清洗，自带洗洁精的饭盒。

本实用新型的自带洗洁精的饭盒，包括盒体与把手，所述盒体内设置有隔板，所述隔板将所述盒体分为上、下两层，下层装有洗洁精，所述盒体底部设置有开口，所述盒体侧面设置有控制所述开口的开关。

进一步的，所述把手设置在所述盒体一侧，所述开关设置在所述把手的下方一侧。

借由上述方案，本实用新型至少具有以下优点：1. 将适量的洗洁精装在饭盒内部，可以避免每次清洗饭盒时都要携带一大瓶洗洁精的麻烦，也免去了用户因不方便清洗饭盒而不想带饭盒的顾虑；2. 洗洁精开口设置在底部，可以避免洗洁精污染饭菜。

上述说明仅是本实用新型技术方案的概述，为了能够更清楚了解本实用新型的技术手段，并可依照说明书的内容予以实施，以下以本实用新型的较佳实施例并配合附图详细说明如后。

附图说明

图1是本实用新型的自带洗洁精的饭盒结构示意图。

图中附图标记说明：

1. 洗洁精；2. 盒体；3. 隔板；4. 开口；5. 开关；6. 把手。

具体实施方式

下面结合附图和实施例，对本实用新型的具体实施方式作进一步详细描述。以下实施例用于说明本实用新型，但不用来限制本实用新型的范围。

参见图1，本实用新型一较佳实施例所述的自带洗洁精的饭盒，包括盒体2与把手6，盒体2内设置有隔板3，隔板3将盒体2分为上、下两层，下层装有洗洁精1，盒体2底部设置有开口4，把手6设置在盒体2一侧，盒体2的侧面、把手6下方设置有控制开口4的开关5。

在实际使用时，通过将隔板3取下或者打开开口4向饭盒下层加入适量的洗洁精，需要清洗饭盒时，按下开关5，洗洁精1会从开口4流出。

该饭盒的优点在于：1. 将适量的洗洁精装在饭盒内部，可以避免每次清洗饭盒时都要携带一大瓶洗洁精的麻烦，也免去了用户因不方便清洗饭盒而不想带饭盒的顾虑；2. 洗洁精开口设置在底部、可以避免洗洁精污染饭菜。

以上所述仅是本实用新型的优选实施方式，并不用于限制本实用新型，应当指出，对于本技术领域的普通技术人员来说，在不脱离本实用新型技术原理的前提下，还可以做出若干改进和变型，这些改进和变型也应视为本实用新型的保护范围。

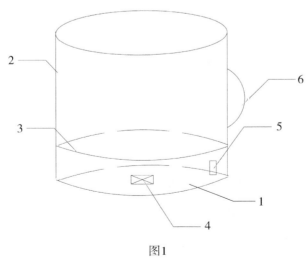

图1

学生发明实例22

"实用型多功能笔"

专利申请说明书及附图

申请人或专利权人：王柏丁

技术领域

本实用新型涉及一种笔，尤其涉及一种实用型多功能笔。

背景技术

现有技术中的笔，功能比较单一，只能进行日常写作。

实用新型内容

为解决上述缺陷，本实用新型的目的是提供一种可照明、写作、验钞的实用型多功能笔。

本实用新型的实用型多功能笔，包括笔杆和笔芯，所述笔杆由杆头和杆尾组成，所述杆尾侧面设置有粗糙的波浪面，所示杆头内安装有纽扣电池，所述杆头侧面设置有按钮开关，所述杆头顶部设置有灯泡。

进一步的，所述灯泡为紫外线灯泡。

进一步的，所述实用型多功能笔设置有与之配套的笔帽。

借由上述方案，本实用新型至少具有以下优点：该实用型多功能笔除了可进行日常写作，还可以进行照明以及验钞。

上述说明仅是本实用新型技术方案的概述，为了能够更清楚了解本实用新型的技术手段，并可依照说明书的内容予以实施，以下以本实用新型的较佳实施例并配合附图详细说明如后。

附图说明

图1是本实用新型的实用型多功能笔的结构示意图；

图2是与图1所示的实用型多功能笔配套的笔帽的结构示意图。

图中附图标记说明：

1. 杆尾；2. 杆头；3. 按钮开关；4. 灯泡；5. 纽扣电池；6. 波浪面；7. 笔帽。

具体实施方式

下面结合附图和实施例，对本实用新型的具体实施方式作进一步详细描述。以下实施例用于说明本实用新型，但不用来限制本实用新型的范围。

参见图1和图2，本实用新型一较佳实施例所述的实用型多功能笔，包括笔杆和笔芯，笔杆由杆头2和杆尾1组成，杆尾1侧面设置有粗糙的波浪面6，杆头内安装有纽扣电池5，杆头2侧面设置有按钮开关3，杆头2顶部设置有灯泡4，灯泡4为紫外线灯泡，该实用型多功能笔设置有与之配套的笔帽7。按下按钮开关3，点亮灯泡4，利用灯泡4发出的光线可进行照明以及验钞。

该实用型多功能笔除了可进行日常写作，还可以进行照明以及验钞。

以上所述仅是本实用新型的优选实施方式，并不用于限制本实用新型，应当指出，对于本技术领域的普通技术人员来说，在不脱离本实用新型技术原理的前提下，还可以做出若干改进和变型，这些改进和变型也应视为本实用新型的保护范围。

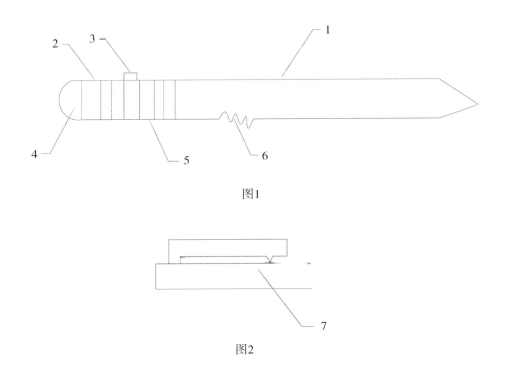

图1

图2

学生发明实例23

"可收缩雨伞式书包"

专利申请说明书及附图

申请人或专利权人：陈睿祺

技术领域

本实用新型涉及一种书包，尤其涉及一种可收缩雨伞式书包。

背景技术

对于背包的人来说，一到下雨天，大家既要背书包又要打伞，有时候另一只手甚至还要提着别的东西，这时候想要空出一只手做别的事情特别的麻烦，另外，人们打伞时，伞沿习惯往前置，这样背在后面的书包很容易被雨水淋到，不防水的书包也会因此而被淋湿。

实用新型内容

为解决上述技术问题，本实用新型的目的是提供一种方便打伞，适用于下雨天的可收缩雨伞式书包。

本实用新型的可收缩雨伞式书包，包括书包本体与书包带，所述书包本体背面固定有雨伞固定装置，所述雨伞固定装置内设置有雨伞。

进一步，所述雨伞固定装置上、下两端分别固定在书包本体的背面，所述雨伞固定装置内壁上设置有与伞柄相适配的凹槽。

进一步的，所述书包本体背面左右背带位置分别设置有左海绵缓冲层和右海绵缓冲层，所述雨伞固定装置设置在所述左海绵缓冲层和右海绵缓冲层中间，所述左海绵缓冲层和右海绵缓冲层的厚度与所述雨伞固定装置的厚度相同。

进一步的，所述雨伞固定装置由轻便坚固的不锈钢材料制成。

借由上述方案，本实用新型至少具有以下优点：1. 将雨伞和书包合为一体，在下雨天，再也不需要专门腾出一只手去打伞；2. 雨伞固定装置采用轻便坚固的不锈钢材料，书包本体重量并没有增加多少；3. 书包背面设置有与雨伞固定装置厚度相同的海绵缓冲层，增加了背包时的舒适度；4. 雨伞设置在书包背面，位于人体与书包之间，可以避免使用者和书包被雨淋湿。

上述说明仅是本实用新型技术方案的概述，为了能够更清楚了解本实用新型的技术手段，并可依照说明书的内容予以实施，以下以本实用新型的较佳实施例并配合附图详细说明如后。

附图说明

图1是本实用新型的可收缩雨伞式书包的结构示意图。

图中附图标注说明：

1.雨伞；2.伞柄；3.凹槽；4.雨伞固定装置；5.左海绵缓冲层；6.右海绵缓冲层。

具体实施方式

下面结合附图和实施例，对本实用新型的具体实施方式作进一步详细描述。以下实施例用于说明本实用新型，但不用来限制本实用新型的范围。

参见图1所示，本实用新型一较佳实施例所述的可收缩雨伞式书包，包括书包本体与书包带，书包本体背面固定有雨伞固定装置4，雨伞固定装置4内设置有雨伞1，雨伞在不用时可以取下，此时的书包可作为普通书包使用。

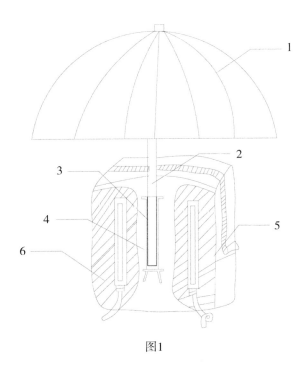

图1

雨伞固定装置4的上、下两端分别固定在书包本体的背面，雨伞固定装置4内壁上设置有与伞柄2相适配的凹槽3，使用雨伞1时，将伞打开，将伞柄2插入凹槽3内，凹槽3与伞柄2卡死固定住雨伞1，避免雨伞1的左右摇晃。

书包本体背面左、右背带位置分别设置有左海绵缓冲层5和右海绵缓冲层6，雨伞固定装置4设置在左海绵缓冲层5和右海绵缓冲层6中间，左海绵缓冲层5和右海绵缓冲层6的厚度与雨伞固定装置4的厚度相同，增加了背包时的舒适度，也不会因为雨伞固定装置4的存在而硌到使用者的背部。

雨伞固定装置4由轻便坚固的材料制成，轻便坚固的材料不会因为雨伞固定装置4而增加书包本身的重量。

该种可收缩雨伞式书包具有以下优点：1. 将雨伞和书包合为一体，在下雨天，再也不需要专门腾出一只手去打伞；2. 雨伞固定装置采用轻便坚固的不锈钢材料，书包本体重量并没有增加多少；3. 书包背面设置有与雨伞固定装置厚度相同的海绵缓冲层，增加了背包时的舒适度；4. 雨伞设置在书包背面，位于人体与书包之间，可以避免使用者和书包被雨淋湿。

以上所述仅是本实用新型的优选实施方式，并不用于限制本实用新型，应当指出，对于本技术领域的普通技术人员来说，在不脱离本实用新型技术原理的前提下，还可以做出若干改进和变型，这些改进和变型也应视为本实用新型的保护范围。

学生发明实例24

"带刻度的多功能书签"

专利申请说明书及附图

申请人或专利权人：蒋佳明

技术领域

本实用新型涉及一种书签，尤其涉及一种带刻度的多功能书签。

背景技术

目前市面上的书签多种多样，也有各种材质的，但是书签本身的功能比较单一，只能作为读书的标记使用。

实用新型内容

为解决上述缺陷，本实用新型的目的是提供一种可做直尺与三角尺用的带刻度的多功能书签。

本实用新型的带刻度的多功能书签，包括书签本体，所述书签本体由1号三角板和2号三角板构成，所述1号三角板的两条直角边分别设置有刻度，所述1号三角板的斜边设置有对称的凹槽，所述2号三角板的两条直角边分别设置有刻度，所述2号三角板的斜边设置有与所述凹槽相适配的凸起。

进一步的，所述书签本体为塑料制品、木制品或者是纸制品。

借由上述方案，本实用新型至少具有以下优点：1.不仅可以当书签使用，还可以当做直尺和三角尺使用，丰富了书签本身的功能；2.一张书签可以分作两张使用，一举两得；3.结构简单、制作方便。

上述说明仅是本实用新型技术方案的概述，为了能够更清楚了解本实用新型的技术手段，并可依照说明书的内容予以实施，以下以本实用新型的较佳实施例并配合附图详细说明如后。

附图说明

图1是本实用新型的带刻度的多功能书签的结构示意图；

图2是图1所示的带刻度的多功能书签的1号三角板的结构示意图；

图3是图1所示的带刻度的多功能书签的2号三角板的结构示意图。

图中附图标记说明：

1. 1号三角板；2. 2号三角板；3. 凹槽；4. 凸起。

具体实施方式

下面结合附图和实施例，对本实用新型的具体实施方式作进一步详细描述。以下实施例用于说明本实用新型，但不用来限制本实用新型的范围。

参见图1、图2和图3，本实用新型一较佳实施例所述的带刻度的多功能书签，包括书签本体，书签本体由1号三角板1和2号三角板2构成，1号三角板1的两条直角边分别设置有刻度，1号三角板的斜边设置有对称的凹槽3，2号三角板2的两条直角边分别设置有刻度，2号三角板的斜边设置有与凹槽3相适配的凸起4。

书签本体为塑料制品、木制品或者是纸制品。

将凸起4插入对应的凹槽3，两张三角板合为一体，可以作为一张书签或者是直尺使用，将两张三角板分开的话，可以当做两把三角尺或者是两张书签使用。

该书签的优点在于：1. 不仅可以当书签使用，还可以当做直尺和三角尺使用，丰富了书签本身的功能；2. 一张书签可以分作两张使用，一举两得；3. 结构简单、制作方便。

以上所述仅是本实用新型的优选实施方式，并不用于限制本实用新型，应当指出，对于本技术领域的普通技术人员来说，在不脱离本实用新型技术原理的前提下，还可以做出若干改进和变型，这些改进和变型也应视为本实用新型的保护范围。

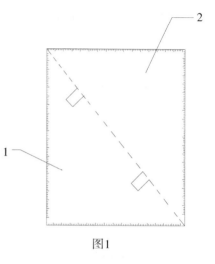

图1

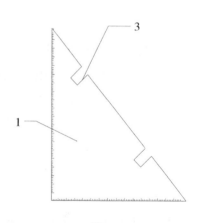

图2

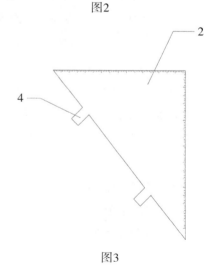

图3

学生发明实例25

"冷热两用便携水瓶"

专利申请说明书及附图

申请人或专利权人：王海林

技术领域

本实用新型涉及一种水瓶，尤其涉及一种冷热两用便携水瓶。

背景技术

现在的保温杯都是单一的保热或者保冷，想喝水时，杯中倒出的水往往不是太烫就是人凉。

实用新型内容

为解决上述缺陷，本实用新型的目的是提供一种可以同时携带冷水与热水的冷热两用便携水瓶。

本实用新型的冷热两用便携水瓶，包括瓶身和瓶盖，所述瓶身上部为进水口，所述瓶身内设置有隔板，所述隔板的一面设置有保温层。

进一步的，所述隔板与保温层从所述进水口延伸至瓶底。

进一步的，所述瓶身两侧分别设置有按钮式的冷水出口和热水出口。

进一步的，所述瓶身和瓶盖为隔热材质。

进一步的，所述瓶盖可作为水杯。

借由上述方案，本实用新型至少具有以下优点：1.隔板将瓶身分为两部分，可同时携带冷水和热水；2.隔板将瓶身分为完全隔绝的两部分，隔板一面设置保温层，可以保持热水的温度；3.选用隔热材料，拿取方便，不会烫手。

上述说明仅是本实用新型技术方案的概述，为了能够更清楚了解本实用新型的技术手段，并可依照说明书的内容予以实施，以下以本实用新型的较佳实施例并配合附图详细说明如后。

附图说明

图1是本实用新型的冷热两用便携水瓶的结构示意图；

图2是图1所示的冷热两用便携水瓶的瓶盖的结构示意图。

图中附图标记说明：

1. 进水口；2. 热水出口；3. 隔板；4. 保温层；5. 冷水出口；6. 瓶身；7. 瓶盖。

具体实施方式

下面结合附图和实施例，对本实用新型的具体实施方式作进一步详细描述。以下实施例用于说明本实用新型，但不用来限制本实用新型的范围。

参见图1与图2，本实用新型一较佳实施例所述的冷热两用便携水瓶，包括瓶身6和瓶盖7，瓶身6上部为进水口1，瓶身内设置有隔板3，隔板3的一面设置有保温层4，隔板3与保温层4从进水口1延伸至瓶底，隔板3将瓶身分为完全隔绝的两部分，有保温层4的一边装热水，无保温层的一边装冷水，冷水热水完全隔绝的同时，起到了保温效果。

瓶身6两侧分别设置有按钮式的冷水出口5和热水出口2。

瓶身6和瓶盖7为隔热材质，拿取水瓶方便，不会因水太烫而烫手。

瓶盖7可作为水杯，可以直接将水倒入瓶盖7中饮用。

该冷热两用便携水瓶的优点在于：1. 隔板将瓶身分为两部分，可同时携带冷水和热水；2. 隔板将瓶身分为完全隔绝的两部分，一面设置保温层，可以保持热水的温度；3. 选用隔热材料，拿取方便，不会烫手。

以上所述仅是本实用新型的优选实施方式，并不用于限制本实用新型，应当指出，对于本技术领域的普通技术人员来说，在不脱离本实用新型技术原理的前提下，还可以做出若干改进和变型，这些改进和变型也应视为本实用新型的保护范围。

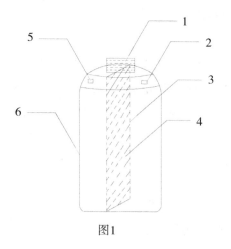

图1

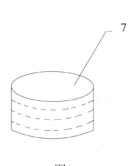

图2

学生发明实例26

"可调整坐姿的座椅"

专利申请说明书及附图

申请人或专利权人：杨欢

技术领域

本实用新型涉及一种座椅，尤其涉及一种可调整坐姿的座椅。

背景技术

很多孩子在读书或者写作业的时候不注意坐姿，喜欢趴在桌子上，时间长了容易造成近视和驼背，不利用孩子的健康成长，市面上所售的座椅只有一个单纯的椅背，并不能对养成孩子的良好读书坐姿起作用。

实用新型内容

为解决上述缺陷，本实用新型的目的是提供一种自带安全背带的可调整坐姿的座椅。

本实用新型的可调整坐姿的座椅，包括椅背和椅座，所述椅背上方一侧固定有安全背带，所述安全背带末端设置有锁舌，在所述安全背带固定处斜对角一侧、所述椅背下方设置有锁扣，所述锁扣上设置有解锁按钮。

进一步的，所述安全背带的宽度为40~60mm。

借由上述方案，本实用新型至少具有以下优点：1. 椅背上设置安全背带，可帮助孩子摆正身姿，形成良好的读书坐姿；2. 安全背带可自行调节，方便灵活；3. 安全背带较宽，使用时不会觉得难受。

上述说明仅是本实用新型技术方案的概述，为了能够更清楚了解本实用新型的技术手段，并可依照说明书的内容予以实施，以下以本实用新型的较佳实施例并配合附图详细说明如后。

附图说明

图1是本实用新型的可调整坐姿的座椅的结构示意图；

图2是图1所示的可调整坐姿的座椅的安全背带的分体结构示意图。

图中附图标记说明：

1. 安全背带；2. 椅背；3. 椅座；4. 锁舌；5. 锁扣；6. 解锁按钮。

具体实施方式

下面结合附图和实施例，对本实用新型的具体实施方式作进一步详细描述。以下实施例用于说明本实用新型，但不用来限制本实用新型的范围。

参见图1与图2，本实用新型一较佳实施例所述的可调整坐姿的座椅，包括椅背2和椅座3，椅背2上方一侧固定有安全背带1，安全背带1末端设置有锁舌4，在安全背带1固定处的斜对角一侧、椅背2下方设置有锁扣5，锁扣5上设置有解锁按钮6。

安全背带1的宽度在40~60mm。

使用时，人坐在座椅上，将安全背带1调整到合适的长度，然后将锁舌4插入锁扣5，锁扣5会锁死锁舌4，按下解锁按钮6后，锁舌4会被重新释放，解开安全背带1。

该可调整坐姿的座椅的优点在于：1. 椅背上设置安全背带，可帮助孩子摆正身姿，形成良好的读书坐姿；2. 安全背带可自行调节，方便灵活；3. 安全背带较宽，使用时不会觉得难受。

以上所述仅是本实用新型的优选实施方式，并不用于限制本实用新型，应当指出，对于本技术领域的普通技术人员来说，在不脱离本实用新型技术原理的前提下，还可以做出若干改进和变型，这些改进和变型也应视为本实用新型的保护范围。

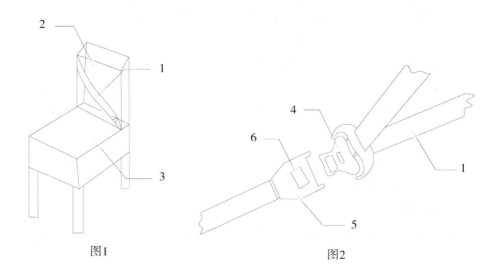

图1   图2

学生发明实例27

"带可插入或抽取隔板的课桌"

专利申请说明书及附图

申请人或专利权人：赵红登

技术领域

本实用新型涉及学校课桌，尤其是涉及一种带可插入或抽取隔板的课桌。

背景技术

现在，学校使用的课桌比较简单，放置空间只有一个整体的桌洞，时间久了东西不及时整理的话，容易显得杂乱无章，尤其是对于高年级的学生来说，书籍试卷繁多，如果不能分门别类放置的话，很难找到需要的物品。

实用新型内容

为解决上述技术问题，本实用新型的目的是提供一种可以分门别类放置各种书籍物品的课桌，本实用新型的带可插入或抽取隔板的课桌，包括桌面、桌洞和桌腿，所述桌洞上下两面分别设置有平行的限位孔，平行的限位孔之间设置有隔板。

进一步的，所述隔板与所述桌面为相同材质。

借由上述方案，本实用新型至少具有以下优点：1. 用隔板将课桌有限的空间多样化，可以分门别类的放置各类书籍试卷；2. 整个方案设计简单，制作成本低廉。

上述说明仅是本实用新型技术方案的概述，为了能够更清楚了解本实用新型的技术手段，并可依照说明书的内容予以实施，以下以本实用新型的较佳实施例并配合附图详细说明如后。

附图说明

图1是本实用新型的带可插入或抽取隔板的课桌。

图中附图标注说明：

1.隔板；2.限位孔。

具体实施方式

下面结合附图和实施例，对本实用新型的具体实施方式作进一步详细描述。以下实施例用于说明本实用新型，但不用来限制本实用新型的范围。

参见图1所示，本实用新型一较佳实施例所述的带可插入或抽取隔板的课桌，包括桌面、桌洞和桌腿，桌洞上下两面分别设置有平行的限位孔2，平行的限位孔之间设置有隔板1，隔板1与桌面的材质相同。

该带可插入或抽取隔板的课桌的优点在于：1.用隔板将课桌有限的空间多样化，可以分门别类的放置各类书籍试卷；2.整个方案设计简单，制作成本低廉。

以上所述仅是本实用新型的优选实施方式，并不用于限制本实用新型，应当指出，对于本技术领域的普通技术人员来说，在不脱离本实用新型技术原理的前提下，还可以做出若干改进和变型，这些改进和变型也应视为本实用新型的保护范围。

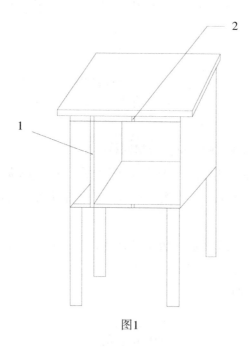

图1

学生发明实例28

"带雨刷的自动清理书桌"

专利申请说明书及附图

申请人或专利权人：杨雪

技术领域

本实用新型涉及一种书桌，尤其涉及一种带雨刷的自动清理书桌。

背景技术

目前使用的书桌，时间久了会在桌面积累一些灰尘或者像橡皮屑之类的小型垃圾，需要用户准备水和抹布去清理，某些用户会觉得这是一件麻烦事。

实用新型内容

为解决上述缺陷，本实用新型的目的是提供一种可以自动清理桌面灰尘的带雨刷的自动清理书桌。

本实用新型的带雨刷的自动清理书桌，包括桌体，所述桌体的桌面边缘设置有储水格，所述储水格旁边设置有电动雨刷，雨刷旁边设置有电动按钮。

进一步的，所述雨刷旁边设置有电动按钮，所述雨刷下面设置有供电装置。

进一步的，所述储水格上设置有喷水口。

进一步的，所述桌体在雨刷对面的边沿位置设置有固定凹槽。

进一步的，所述桌体侧面上部分别设置有活动抽屉。

借由上述方案，本实用新型至少具有以下优点：1. 通过雨刷可以自动清理桌面垃圾，既省时又省力；2. 活动抽屉可以将垃圾废水归到一处，统一处理。

上述说明仅是本实用新型技术方案的概述，为了能够更清楚了解本实用新型的技术手段，并可依照说明书的内容予以实施，以下以本实用新型的较佳实施例并配合附图详细说明如后。

附图说明

图1是本实用新型的带雨刷的自动清理书桌的结构示意图。

图中附图标记说明：

1. 桌体；2. 雨刷；3. 活动抽屉；4. 固定凹槽；5. 储水格；6. 电动按钮；7. 喷水口。

具体实施方式

下面结合附图和实施例，对本实用新型的具体实施方式作进一步详细描述。以下实施例用于说明本实用新型，但不用来限制本实用新型的范围。

参见图1，本实用新型一较佳实施例所述的带雨刷的自动清理书桌，包括桌体1，桌体1的桌面边缘设置有储水格5，所述储水格5边设置有电动雨刷2。

雨刷2旁边设置有电动按钮6，雨刷2下面设置有供电装置。

储水格5上设置有喷水口7。

桌体1的桌面在雨刷对面的边沿位置设置有固定凹槽4。

桌体1侧面上部分别设置有活动抽屉3。

实际使用时，按下电动按钮6，储水格5会从喷水口7向桌面喷水，此时雨刷2也在电力作用下启动，开始清扫桌面，桌面的灰尘垃圾以及废水从桌面边沿的固定凹槽4流向桌面两侧的活动抽屉3内，等到废水和灰尘垃圾收集到一定程度，可取下活动抽屉3将其内的垃圾处理掉。

该带雨刷的自动清理书桌的优点在于：1. 通过雨刷可以自动清理桌面垃圾，既省时又省力；2. 活动抽屉可以将垃圾废水归到一处，统一处理。

以上所述仅是本实用新型的优选实施方式，并不用于限制本实用新型，应当指出，对于本技术领域的普通技术人员来说，在不脱离本实用新型技术原理的前提下，还可以做出若干改进和变型，这些改进和变型也应视为本实用新型的保护范围。

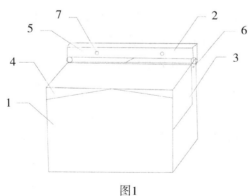

图1

学生发明实例29

"可移动并且可坐式音乐化妆台"
专利申请说明书及附图

申请人或专利权人：张玉峰

技术领域

本实用新型涉及一种化妆台，尤其涉及一种可移动并且可坐式音乐化妆台。

背景技术

随着人们生活水平的提高，化妆台在大家的生活中占据了越来越重要的地位，但是现有技术中的化妆台功能比较单一，只可用来化妆或者卸妆，给用户的体验不佳。

实用新型内容

为解决上述缺陷，本实用新型的目的是提供一种多功能的可移动并且可坐式音乐化妆台。

本实用新型的可移动并且可坐式音乐化妆台，包括化妆台、化妆镜和化妆抽屉，所述化妆镜位于所述化妆台的台面上，所述化妆台侧面的上部设置有USB接口、多功能键和电源接口，所述化妆台中部位置设置有若干化妆抽屉，在所述化妆抽屉的旁边、所述化妆台的内部分别设置有第一音箱和第二音箱，所述化妆台底部设置有滚轮，所述滚轮旁边设置有刹车片。

进一步的，所述化妆镜为折叠化妆镜，化妆镜通过合页与所述化妆台相连接。

进一步的，所述化妆台底部为空心，所述滚轮与所述化妆台之间由连接轴连接，所述连接轴可旋转收入所述化妆台内部。

进一步的，所述化妆台设置有与之配套的化妆台顶盖。

借由上述方案，本实用新型至少具有以下优点：1. USB接口以及音箱的设置使得用户在化妆的同时可以享受音乐；2. 底部设置有滚轮，可以很方便地移动，刹车片可以控制前进速度；3.设置有化妆台顶盖，将普通的化妆台转化为座椅的同时又保护了化妆镜。

上述说明仅是本实用新型技术方案的概述，为了能够更清楚了解本实用新型的技术手段，并可依照说明书的内容予以实施，以下以本实用新型的较佳实施例并配合附图详细说明如后。

附图说明

图1是本实用新型的可移动并且可坐式音乐化妆台结构示意图。

图2是与图1所示的可移动并且可坐式音乐化妆台配套的化妆台顶盖的结构示意图。

图中附图标记说明：

1.化妆台；2.USB接口；3.化妆镜；4.多功能键；5.电源接口；6.化妆抽屉；7.刹车片；8.滚轮；9.第一音箱；10.第二音箱；11.化妆台顶盖。

具体实施方式

下面结合附图和实施例，对本实用新型的具体实施方式作进一步详细描述。以下实施例用于说明本实用新型，但不用来限制本实用新型的范围。

参见图1和图2，本实用新型一较佳实施例所述的可移动并且可坐式音乐化妆台，包括化妆台1、化妆镜3和化妆抽屉6，化妆镜3位于化妆台1的台面上，化妆镜3为折叠化妆镜，化妆镜3通过合页与化妆台1相连接，在不使用的时候，可以将化妆镜3折叠放入化妆台内。

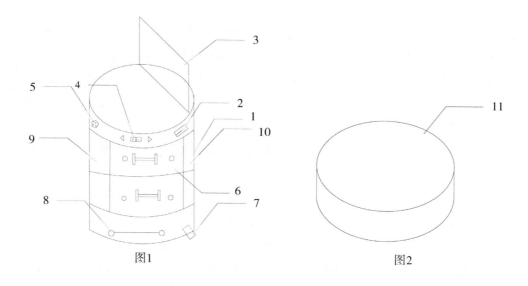

图1   图2

化妆台1侧面的上部设置有USB接口2、多功能键4和电源接口5，化妆台1中部位置设置有若干化妆抽屉6，化妆以及卸妆需要的各种化妆品可以收纳在化妆抽屉6里面，在化妆抽屉6的旁边、化妆台1的内部分别设置有第一音箱9和第二音箱10，将电源接口5接通电源，USB接口2与音乐设备相连接之后，音乐可通过第一音箱9和第二音箱10立体放出，用户可通过多功能键4调节音乐播放顺序以及音量控制，化妆台1底部设置有滚轮8，滚轮8旁边设置有刹车片7。

化妆台1底部为空心，滚轮8与化妆台1之间由连接轴连接，连接轴可旋转收入化妆台1内部，在需要移动化妆台1的时候可以通过滚轮8移动，不需要时，将连接轴旋转，将滚轮收入化妆台1内部即可。

化妆台1设置有与之配套的化妆台1的顶盖11，不使用时可以将化妆台顶盖11盖在化妆台1的顶部，此时，化妆台1就可作为座椅供人休息。

本可移动并且可坐式音乐化妆台的优点在于：1. USB接口以及音箱的设置使得用户在化妆的同时可以享受音乐；2. 底部设置有滚轮，可以很方便地移动，刹车片可以控制前进速度；3. 设置有化妆台顶盖，将普通的化妆台转化为座椅的同时又保护了化妆镜。

以上所述仅是本实用新型的优选实施方式，并不用于限制本实用新型，应当指出，对于本技术领域的普通技术人员来说，在不脱离本实用新型技术原理的前提下，还可以做出若干改进和变型，这些改进和变型也应视为本实用新型的保护范围。

学生发明实例30

"光警示性书包"

专利申请说明书及附图

申请人或专利权人：冉诗奕

技术领域

本实用新型涉及一种书包，尤其涉及一种光警示性书包。

背景技术

随着课业加重，学校放学的时候会比较晚，很多孩子放学之后不敢走夜路，而且在路灯比较暗的地方，孩子不容易被车辆发现，容易发生事故。

实用新型内容

为解决上述缺陷，本实用新型的目的是提供一种可在夜晚照明的光警示性书包。

本实用新型的光警示性书包，包括包体与背带，其特征在于：所述包体正面表面设置有灯板，所述灯板表面安装有若干灯泡，所述灯板底部设置有控制灯板的开关，所述灯板通过电源装置供电。

进一步的，所述灯泡通过黏结固定在所述灯板上。

进一步的，所述灯板设置有保护罩。

借由上述方案，本实用新型至少具有以下优点：1. 孩子在走夜路时可以打开灯板，既可以照明也可以起警示作用，提醒周围车辆注意孩子；2. 保护罩不仅可以保护灯泡，还可以保护孩子不被烫伤。

上述说明仅是本实用新型技术方案的概述，为了能够更清楚了解本实用新型的技术手段，并可依照说明书的内容予以实施，以下以本实用新型的较佳实施例并配合附图详细说明如后。

附图说明

图1是本实用新型的光警示性书包的结构示意图。

图中附图标记说明：

1. 包体；2. 背带；3. 灯板；4. 电源装置；5. 开关；6. 灯泡。

具体实施方式

下面结合附图和实施例，对本实用新型的具体实施方式作进一步详细描述。以下实施例用于说明本实用新型，但不用来限制本实用新型的范围。

参见图1所示，本实用新型一较佳实施例所述的光警示性书包，包括包体1与背带2，包体1正面表面设置有灯板3，灯板3表面安装有若干灯泡6，灯板3底部设置有控制灯板3的开关5，灯板3通过电源装置4供电。

灯泡6通过黏结固定在灯板3上。

灯板设置有保护罩，既可以保护灯泡6，又可以保护孩子不被灯泡烫伤。

该光警示性书包的优点在于：1. 孩子在走夜路时可以打开灯板，既可以照明也可以起警示作用，提醒周围车辆注意孩子；2. 保护罩不仅可以保护灯泡，还可以保护孩子不被烫伤。

以上所述仅是本实用新型的优选实施方式，并不用于限制本实用新型，应当指出，对于本技术领域的普通技术人员来说，在不脱离本实用新型技术原理的前提下，还可以做出若干改进和变型，这些改进和变型也应视为本实用新型的保护范围。

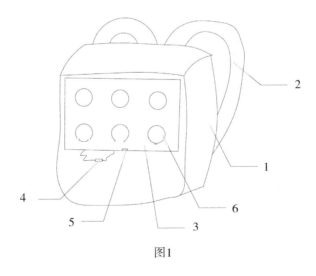

图1

附　录

附录一

国家知识产权局　教育部关于开展全国中小学知识产权教育试点示范工作的通知

各省、自治区、直辖市及新疆生产建设兵团知识产权局、教育厅（委、局）：

按照《国家知识产权战略纲要》以及《深入实施国家知识产权战略行动计划（2014－2020年）》的有关要求，国家知识产权局、教育部决定开展全国中小学知识产权教育试点示范工作，现将《全国中小学知识产权教育试点、示范工作方案（试行）》（以下简称《工作方案》）印发，请贯彻执行。

根据《工作方案》，将分批次组织全国中小学知识产权教育试点学校、示范学校的申报和认定。首批拟认定30～50所试点学校。各省（区、市）知识产权局需会同教育厅（委、局）认真做好组织申报工作，并按照《工作方案》规定的条件推荐3～5所试点学校。请于2015年11月20日前将《全国中小学知识产权教育试点学校申报表》一式四份及电子件报送至国家知识产权局办公室。

特此通知。

附件：1. 全国中小学知识产权教育试点示范工作方案（试行）
　　　2. 全国中小学知识产权教育试点学校申报表

国家知识产权局
教育部
2015年10月27日

附件1

全国中小学知识产权教育试点示范工作方案（试行）

为进一步培养中小学生的创新精神和知识产权意识，为创新型人才培养提供基础性支撑，制定本方案。

一、指导思想

深入贯彻党的十八大和十八届三中、四中全会精神，按照《国家知识产权战略纲要》以及《深入实施国家知识产权战略行动计划（2014—2020年）》的要求，通过培育一批能带动全国中小学知识产权教育工作的试点、示范学校，让青少年从小形成尊重知识、崇尚创新、保护知识产权的意识，并充分发挥中小学知识产权教育的辐射带动作用，形成"教育一个学生，影响一个家庭，带动整个社会"的局面，增强全社会的知识产权意识，营造"大众创业、万众创新"的良好社会氛围。

二、主要任务

国家知识产权局联合教育部在全国具备一定条件的中小学中开展知识产权教育试点、示范学校的认定和培育工作，通过试点促推广，通过示范促深化，整体推进全国中小学知识产权教育工作。通过开展知识产权教育，落实国家知识产权普及教育计划，整体提升青少年的知识产权意识；通过学校开展知识产权教育实践，为学生发明创造、文艺创作和科学实践提供施展平台，培养学生社会责任感、创新精神和实践能力。

三、目标与步骤

到2020年，在全国建成100所知识产权教育工作体系较为完善，知识产权教育工作规范化、制度化，知识产权教育成效明显的"全国知识产权教育示范学校"。

2015～2018年，每年组织申报评定"全国知识产权教育试点学校"30～50所。

2017～2020年，每年从试点满两年的学校中评定出25所"全国知识产权教育示范学校"。没有进入示范的试点学校在2020年前将继续进行试点。

四、申报与审批

（一）申报条件

1. 试点学校申报条件。

（1）学校所在地政府部门支持知识产权教育工作；

（2）校领导重视以知识产权教育为主要内容的创新教育；

（3）已开展或计划开展知识产权师资队伍的培育工作；

（4）已开设或计划开设知识产权教育课程；

（5）积极支持并组织开展普及知识产权知识的体验教育和实践活动；

（6）积极开展发明创新、文艺创作等竞赛活动，鼓励和激发中小学生的创新热情；

（7）积极组织师生员工参加省内外的青少年发明创新比赛。

2. 示范学校评定条件。

（1）学校所在地政府部门重视知识产权教育工作并有扶持措施；

（2）申报学校为中小学知识产权教育试点学校且试点满2年；

（3）知识产权教育工作体系较为完善，知识产权教育工作规范化和制度化；

（4）拥有一支能熟练开展发明创造和知识产权教育工作的专兼职师资队伍；

（5）制定较为明确、合理的课程计划，在合适的年级定期进行知识产权教育；

（6）利用学校网络、宣传橱窗、墙报、校报等平台，发挥学生团体的积极作用，深入开展知识产权体验教育和实践活动；

（7）建立对学生发明创造的激励机制和奖励制度，鼓励和支持学生创新成果获得知识产权保护；

（8）积极开展中小学知识产权教育的教学研究工作；

（9）知识产权教育成效明显，师生知识产权意识不断增强，学校发明创新活动积极踊跃。

（二）审批程序

1. 申报试点、示范的学校，应据实填写申报表，制定工作方案，经所在省知识产权管理部门会同主管教育行政部门推荐报国家知识产权局。

2. 国家知识产权局、教育部组成"全国知识产权教育试点示范学校考核评定小组"，依据本工作方案对各省上报的学校进行考核、评定，确认试点和示范学校。

3. 对被确认的试点和示范学校，国家知识产权局、教育部联合印发批准文件。

五、扶持措施

1. 对纳入试点、示范的学校，由国家知识产权局给予适量的引导经费，省知识产权管理部门给予一定配套支持经费，专项用于知识产权教育工作。

2. 对试点、示范学校的授权专利，鼓励地方酌情给予奖励。

3. 对试点、示范学校的发明专利申请依照《发明专利申请优先审查办法》予以优先审查。

4. 对试点、示范学校从事知识产权教育的教师进行相关业务知识培训。

5. 对试点、示范学校提供远程知识产权教育资源。

6. 为各试点、示范学校提供知识产权教育出版物。

7. 充分利用报纸杂志、网络、电视等新闻媒体，对试点、示范学校的先进做法和成功经验进行广泛宣传推广。

8. 适时组织试点、示范学校师生开展国内外知识产权教育交流活动。

六、组织管理与考核评价

1. 国家知识产权局、教育部负责全国中小学知识产权教育试点示范工作的总体规划、统筹协调、培育、认定和指导；并成立"全国知识产权试点示范学校考评小组"（以下简称"考评小组"）。"考评小组"负责试点、示范学校的评定及考核。具体工作由国家知识产权局办公室负责联络。

2. 根据工作安排，由省知识产权管理部门会同主管教育行政部门组织申报，在自愿申报、地方推荐和组织考评的基础上，确定试点、示范学校。教育部对试点示范学校参加评先评优、表彰奖励等活动在同等情况下给予优先考虑。

3. 国家知识产权局负责筹集试点示范引导资金，落实扶持措施，分阶段对试点、示范学校的知识产权教育工作进行检查。

4．各省（区、市）知识产权局、教育厅（局）应积极争取当地政府及各有关方面的支持，落实配套资金，并按照本方案负责本地区的知识产权教育试点工作。主要负责全省中小学知识产权教育的组织开展和推广工作，指导学校设置知识产权课程，帮助学校培养知识产权授课教师，积极组织试点、示范学校教师员工开展知识产权教学研究和经验交流。

5．在试点示范期内，各试点、示范学校应建立和健全知识产权教育工作体系，使知识产权教育成为学生素质教育的有机组成部分，形成教学有师资、学习有课时、体验有平台、创新有激励的良好氛围，确保师生知识产权意识和能力得到显著提高。

6．试点、示范学校每年进行一次知识产权教育工作总结，通过省知识产权管理部门以书面形式向"考评小组"提交年度工作报告和次年工作计划。

试点期限为两年。试点期满后，将组织考核，并公布考核结果。考核结果分为不合格、合格、良好和优秀4个等级。考核结果优秀的试点学校认定为全国知识产权教育示范学校；考核结果合格、良好的学校继续进行试点，并每年参加考核；对考核不合格的学校，取消其试点学校资格。

示范学校不设期限，"考评小组"每两年对示范学校进行一次考核。考核结果分为不合格、合格、良好和优秀4个等级，对考核不合格的学校，取消其示范学校资格。

7．学校在申报材料中弄虚作假的，经调查确认后，将取消其申报资格；已被认定的，撤销试点示范学校资格。

附件2

全国中小学知识产权教育试点学校申报表

学校签章：　　　　　　　　　　　　　　　　编号：

申报学校				
通信地址			邮 编	
校长姓名		电 话		
联系人姓名		电话/传真		
手 机		E—mail		
学校教师人数：　　人　　知识产权教师人数：　　　人				
学生人数：　　人　　接受知识产权教育人数：　　　人				
校领导重视以知识产权教育为主要内容的创新教育的情况：				
学校开展知识产权教育师资队伍培育情况：				

学校开展知识产权教育情况：
支持组织开展与知识产权教育相关的体验和实践活动情况：
学校开展发明创新、文艺创作等竞赛活动及组织师生参加省内外的发明创新比赛情况（活动名称、举办单位、参赛作品及获奖情况、专利申请与授权情况）：

推荐意见： 省（区、市）知识产权局 年　月　日	推荐意见： 省（区、市）教育厅（委、局） 年　　月　　日

附录二

国家知识产权局办公室 教育部办公厅关于确定首批全国中小学知识产权教育试点学校的通知

国知办发办字〔2015〕26号

各省、自治区、直辖市及新疆生产建设兵团知识产权局、教育厅（教育局、教委）：

按照国务院办公厅转发《深入实施国家知识产权战略行动计划（2014—2020年）》（国办发〔2014〕64号）关于"建立若干知识产权宣传教育示范学校"的要求，国家知识产权局、教育部联合印发《关于开展全国中小学知识产权教育试点示范工作的通知》（国知发办字〔2015〕60号），组织申报首批全国中小学知识产权教育试点学校。截至申报截止日，共有26个省（区、市）的111所学校提交了有效申报材料。经评审，确定中国人民大学附属中学等30所学校为"全国中小学知识产权教育试点学校"，试点时间自2015年12月至2017年12月。

请各有关省级知识产权局、教育厅（局、委）按照《关于开展全国中小学知识产权教育试点示范工作的通知》及《全国中小学知识产权教育试点示范工作方案（试行）》要求，指导首批全国中小学知识产权教育试点学校制定2016年知识产权教育工作计划及实施方案，于2016年1月22日前统一报送国家知识产权局办公室，并不断加大指导和支持保障力度，切实落实各项措施，确保工作取得实效。

特此通知。

附件：首批全国中小学知识产权教育试点学校

国家知识产权局办公室

教育部办公厅

2015年12月28日

附件

首批全国中小学知识产权教育试点学校

（排名不分先后）

中国人民大学附属中学　　　　　　北京市昌平区南邵中学

天津市实验小学　　　　　　　　　天津市滨海新区汉沽第九中学

河北省石家庄市第九中学　　　　　辽宁省凤城市第一中学

吉林省第二实验学校　　　　　　　黑龙江省哈尔滨市继红小学

同济大学附属七一中学　　　　　　上海市七宝中学

江苏省江阴市华士实验中学　　　　浙江省杭州市艮山中学

福建省厦门第六中学　　　　　　　福建省福州第三中学

山东省济南市历城第二中学　　　　山东省济南市经十一路小学

河南省第二实验中学　　　　　　　湖南省长沙市长郡芙蓉中学

广东省佛山市南海区九江镇初级中学　广东省佛山市顺德区李伟强职业技术学校

广西壮族自治区南宁市滨湖路小学　广西壮族自治区南宁市第二中学

海南省海南华侨中学　　　　　　　重庆市兼善中学

四川省成都市双庆中学校　　　　　云南省昆明市官渡区第五中学

西安交通大学附属中学　　　　　　西北师范大学附属中学

宁夏回族自治区银川一中　　　　　新疆生产建设兵团第二师华山中学

附录三

申请知识产权教育试点学校成功案例

全国中小学知识产权教育试点学校申报表

学校签章：　　　　　　　　　　　　　　　　　编号：

申报学校	佛山市南海区九江镇初级中学			
通信地址			邮　编	
校长姓名		电　话		
联系人姓名		电话/传真		
手　机		E-mail		
学校教师人数：121 人　　知识产权教师人数：6 人				
学生人数：1560 人　　接受知识产权教育人数：1560 人				

校领导重视以知识产权教育为主要内容的创新教育的情况：

建立领导机构。我校成立了科技处的行政管理机构，具体负责科技创新和知识产权教育，使科技创新和知识产权教育有规划、有监控、有指导和评价等一系列保障机制，使科技创新和知识产权教育正规化、常态化。

开发产权教育课程。我校每年在初一和初二开设知识产权教育校本课程至少四节，内容如知识产权知识ABC、正版与盗版、发明与专利等。

奖励产权创新成果。我校鼓励师生科技创新和知识产权保护，如每年进行知识产权知识竞赛，每年评选校园十大科技之星，对在科技创新比赛和获得专利的同学给予奖励。

学校开展知识产权教育师资队伍培育情况：

重视科技教师队伍建设。我校对有创新能力和培训前途的老师，采取"给路子、压担子"方式，有意识地安排科技创新和知识产权教育课程，并通过专项经费对创新有成效的老师实施专项奖励，建设了一支专职和兼职相结合的知识产权教育师资队伍。

抓好知识产权教育培训。通过"派出去、请进来"的培训方式，培训知识产权教育的师资，提高他们的科学素质和提升业务水平，使他们能胜任工作，保证科技创新和知识产权教育走上正常化、制度化、正规化。

加强知识产权教育研究。通过叙事研究、行动研究、案例研究、教学反思及教学评价等方面进行研讨，为知识产权教育在理论与实践之间架起沟通的桥梁，促进科技教师专业成长。

学校开展知识产权教育情况：

一、重视产权教育机制建设

学校成立了科技处，专门负责知识产权教育工作体系。科技处定期召开会议，部署知识产权教育的具体工作；每年制订本校知识产权教育工作方案，并有年度知识产权教育工作总结；拥有一支能熟练开展知识产权教育工作的专兼职师资队伍。

二、开发产权教育校本课程

我校的知识产权教育课程体系内容较完整，主要包括课程目标、课程纲要、课程内容和课程评价等方面。能做到理论与实际相结合，采用形式多样的教学模式，深入开展知识产权教育工作，如每学年开设了不少于4学时的知识产权教育校本课程和地方课程，有计划开设知识产权教育专题讲座和比赛，到九江酒厂进行认识商标及注册过程、了解创新与知识产权保护的情况。

三、创新产权教育模式

我校积极探索科技创新和知识产权教育模式，成功总结了知识产权教学的"八个一"活动，这"八个一"分别是："讲一讲"，请学生讲自己对知识产权的亲身见闻；"找一找"，找身边知识产权、企业品牌的故事等；"走一走"，采访参观九江的品牌企业、专利发明人；"议一议"，号召全校师生对正版和盗版展开讨论；"做一做"，进行小发明、小商标、小论文比赛活动；"听一听"，请有关专家进行知识产权专题讲座；"赛一赛"，开展知识产权知识和创新比赛；"评一评"，谁是保护知识产权宣传标兵。通过这些活动的开展，让学生了解了知识产权的基础知识，增强了学生尊重和保护知识产权的自觉性。

四、建设科技校园文化

我校注重科技校园文化建设，努力营造良好的知识产权普及教育氛围。科技广场的十二位中外大科学家爱迪生、爱因斯坦和詹天佑等雕塑令人崇敬；科技长廊的知识产权知识介绍、影响人类社会发展的三大科技发明史给人启迪，历届获国家最高科技奖的科学家事迹催人奋进；科技大道展现了我校历届科技节和各项科技活动的精彩镜头，为科技之星制作了一个宣传牌子，还展现了每个获得专利的内容和发明者的人头像；校报《九江镇中学科技报》每二至三个月出版一期；2007年出版《科技与创新》校本教材（科学教育出版社出版），2015年10月在清华大学出版社出版《青少年科技创新实践》。

五、奖励知识创新成果

我校制定了知识产权教育的考评制度和奖励制度，对教师和学生在知识产权方面取得的成绩进行奖励和表彰。教师或辅导学生获得发明专利的，可作为年度评优评先的条件；学生获发明专利的，学校进行了奖励和表彰。

支持组织开展与知识产权教育相关的体验和实践活动情况：

我校积极组织开展与知识产权教育相关的体验和实践活动，主要有：

1. 小发明家活动。成立了小发明家协会，在校本课程、协会活动和兴趣小组活动时开展工作。从2006年至今，我校的小发明活动共获得国家专利69项，获省级以上发明奖37项。

2. 创意大赛暨知识产权保护宣传教育活动。我校自2007年至今，每年组织知识产权保护宣传教育活动，每年参加省和全国的青少年创意大赛暨知识产权教育宣传活动，共有92位同学获得奖励，其中金奖23项，有6位老师获创新型教师，学校获中国创新型学校、世界创意人才先进组织单位。

3. 科技创新大赛。我校每年均参加省市区青少年科技创新大赛，还多次参加全国青少年科技创新大赛，参赛项目涵盖小发明、小论文、科学体验和科幻画。近十年我校共获省级以上科技创新大赛有9项，其中获国家级奖励3项。

4. 科学体验活动。成立了科学体验协会，在校本课程、协会活动和兴趣小组活动时开展工作。2008年以来，我校多次参加全国青少年科学体验活动，其中2008年XXX同学获全国少年儿童科学体验活动一等奖第一名，并获五星级小实验家称号，2011年参加全国少年儿童科学体验活动一等奖。

学校开展发明创新、文艺创作等竞赛活动及组织师生参加省内外的发明创新比赛情况（活动名称、举办单位、参赛作品及获奖情况、专利申请与授权情况）：

一、积极开展创新活动

1. 发明创新活动。我校成立了小发明家协会，在校本课程、协会活动和兴趣小组活动时开展小发明和制作创作等工作。从2006年至今，我校的小发明活动共获得国家专利69项，获省级以上发明奖37项。

2. 文艺创作等竞赛活动。我校每年开展文艺创作活动，开展包含科技和艺术创新的头脑奥林匹克活动，参加全国和世界头脑奥林匹克创新项目，多次赴美国参加世界头脑奥林匹克创新大赛并多次获奖。

二、发明创新比赛成绩喜人

近十年发明创新获省一等级以上奖励的主要有：

时间	活动名称	举办单位	参赛作品	获奖情况
2011.8	第26届全国青少年科技创新大赛	国家教育部、科技部、国家知识产权局等	开展创意活动，促进创新发展	三等奖
2008.8	第23届全国青少年科技创新大赛	国家教育部、科技部、国家知识产权局等	放大观察养殖缸	二等奖
2009.8	第24届全国青少年科技创新大赛	国家教育部、科技部、国家知识产权局等	节水观根花盆	三等奖
2009.3	第24届广东省青少年科技创新大赛	广东省教育厅、科技厅、知识产权局	我们保护知识产权行动	省一等奖
2005.5	第20届广东省青少年科技创新大赛	广东省教育厅、科技教育协会	放飞科技梦想	省一等奖
2007.7	第一届中国青少年创意大赛	中国教育学会、国家知识产权局	纸箱车竞速比赛	全国团体金奖
2008.7	第二届中国青少年创意大赛	中国教育学会、国家工商行政管理总局	防震环保屋	全国团体金奖
2008.11	第二届全国青少年创意总决赛暨绿色创意大赛	中国教育学会、国家工商行政管理总局	太阳能车速度比赛	国家金奖

续表

时间	活动名称	举办单位	参赛作品	获奖情况
2009.7	第三届中国青少年创意大赛	中国教育学会、国家工商行政管理总局	太阳能车速度比赛	二个全国一等奖
2010.7	第四届中国青少年创意大赛	中国教育学会、国家工商行政管理总局	太阳能车速度比赛	国家金奖
2011.7	第五届中国青少年创意大赛	中国教育学会、国家工商行政管理总局	太阳能车速度比赛	七个全国一等奖
2007.11	第五届"广东省少年儿童发明奖"	广东发明协会等	汽车超重检测器	省一等奖
2007.11	第五届"广东省少年儿童发明奖"	广东发明协会等	儿童益智健身车	省一等奖
2005.6	第三届广东省青少年发明比赛	广东省发明协会、少工委	激光防盗锁	省一等奖

近十年我校师生的发明作品获专利授权节选如下：

时间	作品名称	专利号
2013.2	简易显微镜	201220202318.4
2013.9	带轮子的洒水器	201220586517.X
2013.9	新型熨衣板	201220586528.8
2013.9	新型化妆盒	201220583238.8
2013.9	新型防滑话筒	201220586526.9
2013.9	新型桌子	201220583222.7
2013.9	带双耳吊环的垃圾桶	201220583246.2
2013.9	带宠物窝的浴缸	201220586539.6
2013.9	带黑板的饭盒	201220583243.9
2011.12	全自动定时浇花器	201120545025.1
2009.12	观根节水花盆	200920050296.2
2007.12	放大观察养殖缸	200820042792.9

时间	作品名称	专利号
2008. 9	儿童益智健身车	200720060937.3
2008. 12	不混色的洗衣机	200720060940.5
2012. 12	简易显微镜	201220202318.4
2007. 12	一种风干凉衣架	200520055266.2
2007. 12	发光音乐笔记本	200620154285.5
2007. 12	可多用的婴儿床	200620154302.5
2007. 12	汽车超重检测器	200620154283.6
2007. 12	地板防潮器	200620154303.X
2007. 12	自行车的方便车筐	200620154307.8
2007. 12	快干凉衣架	200620154284.0
2007. 12	装有牙膏的牙刷	200620154306.3
2007. 12	环保健身车	200620154301.0
2008 9	一种自行车	200720060946.2
2008. 9	防盗锁口	200720060934.X
2008. 9	防粘菜刀	200720060935.4
2008. 9	一种蚊帐	200720060933.5
2008. 9	一种雨伞	200720060941.X
2008. 9	一种灯光装置	200720060930.1
2008. 9	可伸缩风扇	200720060939.2
2008. 9	双拉口纸巾盒	200720060943.9
2008. 9	一种旅行箱	200720060932.0
2008. 9	电子自动控水器	200720060936.9
2008. 9	防水的汽车倒后镜	200720060942.4
2008. 9	光控百叶窗	200720060931.6

三、科技特色建设成绩显著

我校积极创建科技教育特色，成绩显著。近十年我校因科技教育成绩突出获得省级以上荣誉超过10项，主要有：全国教育系统先进集体、中国创新型学校、中国当代特色学校、世界创意人才培养先进组织单位、中国少年科学院科普教育示范基地、中国头脑奥林匹克特色示范学校、广东省中小学知识产权教育示范单位、广东省青少年发明创造示范学校、广东省中小学科学体验活动示范学校等。2012年学校科技教育特色项目在南海区"创建特色学校"竞争性资金性资金竞争第一名，获政府扶持资金100万元，2015年学校科技教育特色项目在南海区"创建特色学校"竞争性资金性资金竞争第三名，获政府扶持资金70万元。

四、知识产权教育获得社会好评

我校科技创新和知识产权教育的工作得到社会各界的好评，为我省甚至我国知识产权教育提供了一个成功范例。在2007年和2009年广东省知识产权教育师资培训中，我校应邀作专题讲座；2009年全国知识产权教育研讨会在我校举行，我校应邀作专题讲座和上研讨课；2011年我校的知识产权教育课在中央电视台播放；2007年我校的知识产权教育做法和经验在《中国教育报》报道；2009年我校的知识产权教育做法和经验在国家知识产权局网站介绍；2011年我校在全国青少年创造力培养经验交流会作专题讨论并上示范课，在世界创意节上示范课。

推荐意见：	推荐意见：
省（区、市）知识产权局 年 月 日	省（区、市）教育厅（委、局） 年 月 日